MARIA CLARA SALES CARNEIRO SAMPAIO

BUDISMO

Lafonte

Brasil · 2021

Título – Budismo
Copyright © Editora Lafonte Ltda. 2021

Todos os direitos reservados.
Nenhuma parte deste livro pode ser reproduzida por quaisquer meios existentes sem autorização por escrito dos editores e detentores dos direitos.

Direção Editorial **Ethel Santaella**
Organização e Revisão **Ciro Mioranza**
Diagramação **Demetrios Cardozo**
Imagem de capa **Shutterstock**

```
Dados Internacionais de Catalogação na Publicação (CIP)
           (Câmara Brasileira do Livro, SP, Brasil)

   Sampaio, Maria Clara Sales Carneiro
      Budismo / Maria Clara Sales Carneiro Sampaio. --
   São Paulo : Lafonte, 2021.

      ISBN 978-65-5870-139-2

      1. Budismo 2. Budismo - História I. Título.

   21-71894                                        CDD-294.3
           Índices para catálogo sistemático:

      1. Budismo    294.3

      Cibele Maria Dias - Bibliotecária - CRB-8/9427
```

Editora Lafonte
Av. Profª Ida Kolb, 551, Casa Verde, CEP 02518-000, São Paulo-SP, Brasil - Tel.: (+55) 11 3855-2100
Atendimento ao leitor (+55) 11 3855- 2216 / 11 – 3855 - 2213 – atendimento@editoralafonte.com.br
Venda de livros avulsos (+55) 11 3855- 2216 – vendas@editoralafonte.com.br
Venda de livros no atacado (+55) 11 3855-2275 – atacado@escala.com.br

Impressão e Acabamento
Gráfica Oceano

ÍNDICE

05	1. Introdução
11	2. A Trajetória de vida do Buda
11	2.1. Trajetória e historicidade
20	2.2. Contexto histórico e busca espiritual
25	2.3. Tentação e Iluminação
28	2.4. Nirvana, Samsara e compaixão
35	3. Ensinamentos, Verdades e Práticas
35	3.1. Tempo linear e Tempo não linear
44	3.2. A lei do Karma e o Samsara
45	3.3. O primeiro Sermão e as 4 Nobres Verdades
48	3.4. Dor, apego e insatisfação
52	3.5. Surgimento condicionado, conexão e pensamento crítico
58	3.6. O Caminho Óctuplo, a ética budista e os/as Arhats
75	4. Expansão do Budismo e o nascimento de novas tradições
75	4.1. Para o sul, leste e para o norte
79	4.2. Mahayana, o grande veículo e a questão do mérito
89	5. O Budismo nos tempos atuais
95	6. Referências

1 INTRODUÇÃO

Quais imagens, pessoas ou ideias vêm à sua cabeça, leitor ou leitora, quando pensa sobre budismo? Talvez logo pense naqueles monges e monjas com as cabeças raspadas, vestidos com trajes em tons avermelhados. Talvez pense em meditação. Nenhuma dessas respostas está errada, mas há aspectos e razões mais interessantes por trás da falta de cabelo dos religiosos budistas e das tantas práticas de meditação que parecem ganhar cada vez mais popularidade no Brasil e no mundo.

O objetivo deste livro é apresentar, de maneira simples e didática, um pouco da história e algumas das características gerais do budismo, ou dos budismos, visto que existem muitas escolas, vertentes e formas de praticar diferentes. Não pretendemos aqui desenvolver questões complexas de natureza teológica ou filosófica. Essa não é uma obra para estudiosos já versados no tema. Escrevemos para leitores que têm curiosidade sobre o assunto e gostariam de partir de algum lugar para, talvez, procurar posteriormente leituras embasadas em discussões específicas mais aprofundadas. Não temos tampouco a intenção de ensinar sobre as práticas budistas; elas são múltiplas e só podem ser mais bem compreendidas com pesquisas, leituras e com o aprendizado e convivência com outros praticantes.

A quantidade de brasileiros e brasileiras praticante de algumas das escolas do budismo, embora atinja um número considerável, é bastante inferior ao número de pessoas que se identificam com outras religiões, filosofias ou credos. As diferentes manifestações da fé cristã, por exemplo, são majoritárias não apenas em nosso país, mas também em grande parte das nações consideradas ocidentais.

De qualquer maneira, mesmo nessas sociedades, de matriz cultural cristã, diferentes vertentes do budismo vêm ganhando mais espaços, pelo menos desde o início do século XX. Esses espaços, como veremos mais adiante, ao falar sobre o budismo no Brasil, muitas vezes, não necessariamente se traduzem em um número sempre crescente de praticantes, mas se expandem em diversas outras dimensões da cultura e da vida cotidiana.

Muito se pode pesquisar sobre o budismo hoje em dia, diferentemente de outras épocas, em que as informações sobre a religião e as práticas de meditação eram pouco traduzidas para línguas ocidentais, como o inglês ou o português. Atualmente encontram-se facilmente livros como "Vivendo Buda, Vivendo Cristo", que promove um interessante debate ecumênico e ético, escrito pelo monge budista vietnamita Thich Nhat Hanh.

Outro marcante exemplo de uma liderança budista que tem conquistado adeptos, ainda que essas pessoas não necessariamente acabem se convertendo ao budismo, é o da monja Coen Roshi. Nascida no Brasil com o nome Cláudia Dias Baptista de Souza, morou muitos anos nos Estados Unidos e no Japão, onde se ordenou monja. Além dos livros que escreve, a monja Coen acabou se tornando também uma espécie de *digital influencer*, uma vez que tem *podcasts* e um canal no *Youtube* com quase dois milhões de inscrições (até o início do ano de 2021).

Em termos mundiais, entretanto, talvez o líder budista mais famoso seja a figura de Tenzin Gyatso, ou Sua Santidade, o Dalai Lama. Ele foi vencedor do Prêmio Nobel da Paz no ano de 1989 e vem ampliando cada vez mais o escopo de suas ações, bandeiras políticas e, também, seu poder de influência. Ele é o líder espiritual do budismo tibetano, embora não viva mais no Tibete desde o final da década de 1950, quando teve de fugir, por causa da ocupação político-militar promovida pela China.

Como é o caso de outras lideranças budistas, os livros do Dalai Lama são muito lidos por um público – nacional e internacional – que é bastante mais amplo do que aquele formado apenas por pessoas que se identificam com as práticas budistas. Um interessante exemplo do alcance dos temas quase universais que inspiram suas obras está no recente livro que escreveu com seu grande amigo, o arcebispo sul-africano da Igreja anglicana, Desmond Tutu. O livro dos dois trata do tema do contentamento e da felicidade. A tradução para o português do Brasil se tornou disponível no ano de 2017. Ambos, embora representem religiões diferentes, defendem alternativas de protesto político ligadas às filosofias da *não violência*. A amizade entre os dois religiosos nos mostra como muitas dessas lideranças budistas vêm se inserindo no cenário internacional sob bandeiras políticas de promoção da paz, de diálogos interculturais, de iniciativas e filosofias ligadas à *não violência* e na defesa dos direitos humanos.

Mesmo que o leitor nunca tenha procurado ou se deparado com nenhum desses livros, talvez conheça a figura do Dalai Lama em razão de ele ter sido retratado em algumas produções cinematográficas. O filme que obteve maior sucesso e notoriedade talvez tenha sido o "Sete Anos no Tibet", de 1997.

No mesmo ano de 1997, o famoso diretor cinematográfico estadunidense em *Hollywood*, vencedor de Oscars, Martin Scorsese, lançou um filme sobre a infância do Dalai Lama, o "Kundun". A roteirista, a estadunidense Melissa Marie Mathinson, além de ter escrito roteiros de filmes famosos, como o do "E.T., o extraterrestre" (de 1982), ficou conhecida por seu ativismo em defesa da libertação política do Tibete por parte da China. Mathinson, Scorsese e diversas outras pessoas que participaram da produção foram proibidos de entrar na China pela forma violenta como retrataram a ocupação chinesa do Tibete a partir de 1959. A distribuição e a projeção desse filme foram proibidas nos territórios chineses.

Poderíamos nos prolongar e citar muitos outros líderes religiosos budistas ou celebridades que se converteram a diferentes vertentes do budismo. O que quisemos mostrar, contudo, é que já faz muitos anos que o acesso a informações sobre o budismo tem se tornado mais fácil e que se pode perceber também como o budismo (e os budistas, obviamente) fazem parte de nossas vidas.

O que Frank Usarski nos ensina, contudo, é que o crescimento dos praticantes do budismo pode ser limitado, tanto entre comunidades de imigrantes que vêm de países e culturas praticantes do budismo (como é o caso do Japão, das Coreias, da China, entre outros), como entre pessoas não orientais que se convertem (USARSKI, 2002, p. 10).

Os dados do Instituto Brasileiro de Geografia e Estatística (IBGE) ajudam a esclarecer esse panorama descrito por Usarski. No censo do ano 2000, o total da população brasileira somava 169.872.856 de pessoas, sendo que 214.873 delas se declaravam budistas. Já no censo de 2010, do total de 190.755.799 de habitantes, 243.966 se disseram budistas. Em termos percentuais, tanto em 2000, quanto em 2010 a população budista permaneceu representando cerca de 0,12% da população. Antes de continuarmos, faz-se necessário pontuar que a pandemia da Covid-19, dentre outros fatores, impediu que o censo programado para o ano de 2020 fosse realizado. Assim, quando o próximo censo for feito, é possível que os números que utilizamos acima possam ter sofrido modificações expressivas.

O número de budistas no Brasil, embora diminuto em termos comparativos, não pode ser considerado desprezível. Precisamos levar em conta que o budismo ocupa o quarto lugar entre as maiores religiões do mundo, perdendo apenas para o cristianismo, o islamismo e o hinduísmo, nessa ordem. Convém ressaltar que, dentre as quatro maiores religiões, o budismo também está entre as mais antigas, tendo surgido entre 4 e 5 séculos antes da Era Comum (E.C.). Além de mais antigo que o cristianismo, o budismo surgiu e se difundiu cerca de mil anos antes que o islamismo.

2 A TRAJETÓRIA DE VIDA DO BUDA

2.1. Trajetória e historicidade

Ao escrever sobre o budismo, não podemos deixar de falar de seu fundador, chamado Siddharta Gautama, mas que ficou conhecido sob outras variadas formas, com as quais ainda se referem a ele, como veremos mais adiante. Para facilitar a leitura e a compreensão deste livro, nos referiremos a ele como Siddharta, antes de ele alcançar o *nirvana* – que nesse primeiro momento chamaremos de "iluminação" – e se tornar, então, o Buda.

De acordo com várias fontes, Siddharta Gautama viveu entre 560 e 480 a.C. Depois de ter se tornado um Buda, circulou por cerca de 45 anos em uma área de 400 quilômetros quadrados, situada na atual fronteira do Estado indiano de Bihar e o Nepal. Nesse período, atraiu um número crescente de seguidores. Ao falecer, não deixou nenhum sucessor no comando de sua comunidade. Estava convencido de que esta se mostrava suficientemente coesa e preparada para se nortear meramente com base na doutrina até então elaborada (USARSKI, 2009, p. 22-23).

Nos cerca de 2.500 anos que nos separam da experiência de vida de Siddharta, muito se propôs, se escreveu e se pensou sobre sua vida e seus ensinamentos. Além dos muitos séculos que permitiram que intelectuais e praticantes fossem reinterpretando e adaptando seus ensinamentos para diferentes realidades, para variadas geografias, para múltiplos grupos sociais e muitos tempos históricos, outras questões precisam ser apontadas. Até o século exato em que Siddharta viveu pode ser considerado ainda um motivo de certa disputa entre historiadores. Alguns estudos apresentam uma variação de cerca de 100 anos, colocando sua morte mais ou menos entre os anos 422 e 399 antes da Era Comum (A.E.C.), como nos ensina Richard Gombrich (GOMBRICH, 1999, p. 284). Ainda assim, se o leitor buscar em sites sobre budismo na internet, como é o caso da página do complexo de templos no local onde supostamente nasceu Siddharta, em *Lumbini*, no atual Nepal, poderá encontrar outras datas, que colocam o nascimento dele em 623 A.E.C. Diferentes tradições budistas e diferentes historiografias têm datações próprias para o nascimento e morte de Siddharta.

O que podemos afirmar com mais segurança é que Siddharta nasceu na Índia antiga, herdeiro de uma família poderosa, num contexto em que o poder político-militar da região se dividia entre lideranças locais e regionais. A gravidez da mãe dele, chamada Maya (mas que pode encontrar traduzido como *Mahamaya* ou *Mayadevi*, dentre outras possibilidades), bem como os eventos do parto e de seu nascimento vêm sendo contados, há milênios, em narrativas que envolvem os mais belos elementos (BAILEY e MABETT, 2004, p.56).

Conta-se que, antes de saber da gravidez, Maya havia sonhado com um belíssimo elefante branco e que sábios, que posteriormente interpretaram o sonho, viram aquilo como um sinal de que ela esperava uma criança muito especial. No final da gravidez, ela deixou o palácio em *Kapilavastu* e se dirigiu à casa dos pais para dar à luz. Tratava-se de um costume relativamente comum entre grávidas, em algumas regiões da Índia (CARRITHERS, 1983, p. 17).

No caminho, Maya, e sua enorme caravana, fizeram uma parada para apreciar a beleza da natureza. Acredita-se que esse lugar seja hoje *Lumbini*, no atual Nepal. Ela acabou então por dar ali à luz a Siddharta, procurando apoio numa árvore. Muitos templos foram posteriormente construídos no local do suposto nascimento de Siddharta, templos que se tornaram meta de peregrinação religiosa para os praticantes do budismo, até os dias atuais. Veremos mais adiante que a árvore permanece como um símbolo relevante para o budismo, aparecendo em outros momentos muito importantes da vida de Siddharta e depois que ele se torna um buda.

Muito pouco se dedica ao tema de seu nascimento e infância nas escrituras budistas mais antigas, como é o caso do Cânone Páli. O Cânone Páli é uma coleção de muitos volumes contendo diferentes aspectos dos ensinamentos do Buda. O páli é uma antiga língua da Índia, como o sânscrito. O cânone se propõe, em certa medida, a reunir (e editar) os ensinamentos passados pelo Buda. Para tanto, reuniram-se monges budistas algumas décadas após sua morte (NANAMOLI, 1992, p. 4). Por alguns séculos, o conteúdo desses ensinamentos era memorizado e transmitido oralmente entre os religiosos e religiosas budistas. Os primeiros registros escritos desses textos datam de cerca de 400 anos depois da morte do Buda. Ainda que os monges e monjas falassem muitas línguas diferentes, acredita-se que se escolheu o páli por ser muito próximo da língua-mãe do Buda, que Peter Harvey acredita ser o *magadhi* (HARVEY, 2019, p. 59).

Até hoje a Índia é um país riquíssimo em diferentes línguas locais. Há cerca de 25 séculos não era diferente. O que queremos mostrar é que muito se propôs e se escreveu sobre o nascimento e a vida de Siddharta, mas a grande maioria desses textos é muito posterior à morte dele. Às vezes, esses textos datam de séculos depois. Nos mais antigos, que são atribuídos às palavras do próprio Buda, são mencionados alguns poucos episódios de sua vida até os 29 anos. Essas lembranças sobre sua trajetória acabam permeando seus ensinamentos de forma muito fragmentada, em geral como exemplos ou relatos sucintos. Textos biográficos mais abrangentes sobre a vida do Buda só se tornaram mais comuns entre os séculos II A.E.C e II E.C. (THOMAS, 1996, p. 49).

Temos que levar em conta, também, que o Buda e os budistas, além de acreditar em reencarnações (renascimentos), o que pode significar a inclusão de outras vidas nas formas como se narram as histórias das pessoas, também entendem o tempo de maneira diferente das culturas ocidentais. A maioria de nós, no Ocidente, pensa o tempo de forma linear. No tempo linear, o passado, o presente e o futuro são distintos. Já na visão budista, o tempo está mais próximo de uma perspectiva cíclica, no sentido de que não é possível identificar em um círculo nem seu início nem seu fim.

O que podemos conhecer com maior grau de segurança sobre a vida de Siddharta, além das disputas sobre o século de seu nascimento, é que viveu na região norte da Índia e, ao longo dos anos, viajou e ensinou em diversos locais da bacia do rio Ganges. Nasceu numa família politicamente poderosa, do povo *Sakya* (pode-se encontrar traduções como *Shakya*, *Sakka* ou *Sacca*, dentre outras possibilidades). O pai dele era uma espécie de rei e se chamava Shuddhodana (ou *Suddhodana*). Conta-se que a mãe faleceu pouco depois do nascimento de Siddharta. Ele, então, foi criado pela tia materna, Pajapati, mas pode-

-se encontrar o nome dela traduzido como *Mahapajapati* e outras formas similares. Ele também se casou muito jovem (acredita-se que com 16 anos) com Yasodhara, com quem viveu até os 29 anos, quando renunciou à vida como príncipe. Depois de ter alcançado a iluminação e de ter conseguido ver suas vidas passadas, o Buda entendeu o porquê de ter se apaixonado tão rapidamente pela ex-esposa: ambos haviam se encontrado em muitas das vidas passadas. Quando Siddharta deixa sua casa, sua amada tinha dado à luz, não muito tempo antes, o filho do casal: Rahula (HARVEY, 2019, p. 44).

Ainda que possamos afirmar muito pouco, com segurança, sobre a história linear de Siddharta, muitas das narrativas sobre sua vida nos trazem questões que acabam por nos revelar mais sobre o que os futuros budistas achavam de especialmente inspirador na trajetória de vida dele. Muito se falou sobre a relação de Siddharta com o pai e sobre a forma como o jovem príncipe viveu protegido dentro dos muros dos palácios, até os 29 anos.

Depois que a mãe sonhou com o elefante branco, o pai teria mandado trazer sábios e adivinhos para interpretar os significados daquela imagem. Disseram, então, que a rainha esperava uma criança muito especial, que poderia se tornar tanto um poderoso líder político-militar, quanto um mestre espiritual que transformaria para sempre a vida de todos os seres. Supostamente, em resposta a esse futuro dúbio de seu herdeiro político, o rei Shuddhodana se preocupou em dar ao filho uma vida protegida e cheia de confortos, que garantissem que Siddharta se tornaria um rei.

Dentre as muitas coisas que procurou proporcionar ao filho, estavam os 3 palácios belíssimos que mandou construir, para que pudesse aproveitar as estações do ano (o verão, o inverno e a estação de chuvas). Esses palácios eram também cercados de altos muros.

Aos 29 anos, Siddharta pede ao pai para deixar os muros dos palácios e ver um pouco daquele mundo que um dia governaria. O rei mandou então recolher tudo o que havia de desagradável dos locais por onde o filho haveria de passar. O jovem príncipe, ainda assim, acabou vendo um homem de muita idade, outro adoentado e um grupo que carregava o corpo de um ente querido morto para os rituais de cremação. Siddharta "descobria", assim, os fenômenos da velhice, da doença e da morte.

Muito se escreveu sobre esse episódio da vida de Siddharta nos últimos quase 25 séculos. Seria possível que alguém, por mais protegida que tivesse sido sua criação, chegasse aos 29 anos de idade sem a compreensão de fenômenos como a doença ou a morte? Há estudiosos do budismo que tratam dessa questão não como descrição literal das experiências de vida do Buda, mas como uma espécie de alegoria sobre sua busca espiritual e seus ensinamentos futuros. Mais ainda, sobre como grande número de todos nós acaba refletindo pouco sobre algumas dessas questões.

Ainda que saibamos que um dia todos haveremos de morrer, muitos de nós acabam, talvez inconscientemente, lidando com o próprio destino como se ele não fosse acontecer (ou pelo menos como se só fosse acontecer num futuro bem distante). Essa é uma forma comum de negação de algumas das realidades mais óbvias (e dolorosas) da vida de todos nós (HARVEY, 2019, p. 47). A compreensão real de que nossas vidas são muito frágeis – e podem acabar a qualquer momento – pode ser algo que nos traz real sofrimento. Essa é uma das razões que talvez explique porque há tantos que evitam falar sobre o assunto.

Não é difícil pensar que o jovem Siddharta viveu anos sem dar atenção a esse tipo de questão, ainda mais quando seu pai procurava ativamente protegê-lo dessa espécie de reflexão. Depois de entrar em contato com a velhice, com a doença e com a morte, o jovem príncipe nota, também, um homem com roupas esfarrapadas e com a cabeça raspada. O que lhe causou espanto, contudo, parece ter sido o semblante de paz e de tranquilidade desse homem, que pedia esmolas para viver. Logo sabe que se tratava de um andarilho, que abdicara de ter uma casa e uma família, para se dedicar ao pensamento livre e à busca espiritual.

É possível supormos que, tão chocante como se dar conta de que ele, Siddharta, e todos os que ele amava iriam, um dia, morrer, foi encontrar alguém que parecia em paz e feliz, apesar das roupas humildes e da necessidade de pedir esmolas para viver (LANDAW e BODIAN, 2011, p. 49). A questão da mendicância, para o budismo, não é um motivo de vergonha. Veremos essa questão mais detalhadamente ao falar da formação da comunidade religiosa budista, a *sangha* (ou *sanga, samgha*).

Imagine que Siddharta tinha vivido até ali, supostamente, sem precisar se preocupar com questões que a maioria das pessoas tem de enfrentar desde cedo. Ele provavelmente nunca havia se preocupado se haveria de lhe faltar do que comer ou um abrigo contra a chuva. Sua família e seus amigos, podemos inferir, acreditavam, talvez, que eram necessárias coisas luxuosas para ser feliz. Ao ver o semblante pacífico do andarilho, que vivia sem casa ou sem saber como faria sua próxima refeição, o jovem príncipe deve ter mesmo ficado fascinado.

De qualquer maneira, depois que Siddharta se deu conta de que, a despeito de todos os luxos e confortos, a condição humana imporia o sofrimento e o fim, não conseguiu mais retomar sua vida de antes. Sentiu que precisava buscar uma solução definitiva para todo aquele sofrimento; renunciou a tudo e partiu para buscar respostas para essas questões fundamentais da condição de estar vivo.

O tema da renúncia é extremamente importante para as doutrinas budistas e pode ser apreciado não apenas nesse episódio da vida do Buda, mas também em muitos aspectos da vida dos monges e monjas budistas até hoje. Ao deixar os muros de seus palácios, Siddharta teria, simbolicamente, cortado seus longos cabelos e abandonado suas finas vestes de seda. Para as pessoas que escolhem a vida monástica, até hoje, a renúncia à família é vista, muitas vezes, como um sacrifício pessoal que cada monge ou monja faz em benefício de todos os seres. O leitor talvez já tenha reparado que a maioria dos monges e monjas budistas raspam seus cabelos. Trata-se de um gesto simbólico, dentre tantos outros significados, de renúncia à vida mundana.

2.2. Contexto histórico e busca espiritual

As tradições budistas dão especial valor a pelo menos 4 momentos da história de vida do Buda, que são: (1) o nascimento, (2) o despertar (o momento em que encontra a iluminação, aos 35 anos), (3) seu primeiro sermão e (4) sua morte. Esses eventos, para os budistas, têm importância cósmica. Antes de continuarmos compondo um panorama geral da vida do Buda, faz-se necessário compreendermos mais um pouco sobre o contexto histórico no qual ele nasceu e buscou diálogos para solucionar os aspectos fundamentais da vida, como o sofrimento e a morte.

Siddharta nasceu em um momento histórico de grande riqueza filosófico-religiosa. Não poucos pensadores vinham questionando muitas das práticas e das crenças mais tradicionais das filosofias e das expressões religiosas védicas, que compunham o que chamamos hoje de bramanismo (uma das expressões religiosas importantes de seu tempo). As doutrinas bramanistas – as muitas tradições védicas, na verdade – são múltiplas e variam de acordo com o século e com as regiões em que se tornaram expressões religiosas hegemônicas, e estão nas origens do que veio a ser o hinduísmo moderno e contemporâneo. O que nos ajuda a compreender algumas das questões doutrinárias do budismo é levarmos em conta que o Buda partiu de alguns conhecimentos e práticas bramanistas, ou que se opunham ao bramanismo, como é o caso dos Movimentos dos *Samanas* (que rejeitavam a maior parte das tradições védicas) (HARVEY, 2019, p. 40). Dentre os conceitos e termos brâmanes que aparecerão também no budismo, como veremos, está o *Dharma* (*Darma* ou *Dhamma*). Para o bramanismo, o conceito de *dharma* envolve, dito de maneira muito resumida, a ordem de atribuição divina dada a cada grupo da sociedade. Para o budismo, o mesmo termo terá outro significado.

No bramanismo, para entendermos o conceito de *dharma*, é importante aprender um pouco sobre a perspectiva de ordem social desenhada pelos deuses e deusas; precisamos saber também o que são os *varna*. Os *varna* estão nas origens históricas do que conhecemos hoje como o sistema de casta, que continua sendo uma instituição importante na sociedade indiana atual (ainda que tenha sido legalmente abolido na Índia nos anos 1950). Seria errôneo e simplista traduzir *varna* por casta, mas nosso objetivo aqui é apenas mostrar um pouco de como era a sociedade em que viveu o Buda e como ele lidou com algumas dessas questões em seus ensinamentos. Então usaremos aqui o termo "casta" como um possível correspondente de *varna*.

As expressões religiosas bramanistas reforçavam bastante a divisão da sociedade em castas, em que o nascimento e a pertença familiar eram muito importantes para a determinação do futuro das pessoas. A casta superior era composta pelos intelectuais religiosos e sacerdotes – os *Brahmin*, *Brâmanes* ou *Brahmana* –, seguida logo abaixo pela casta dos líderes políticos e militares, que se chama *Ksatrya* (*Xátrias, Chátrias* ou *Kshatriya*). É comum que se associe esta última casta à nobreza da sociedade europeia medieval. Siddharta muito provavelmente nasceu nessa casta, entre a nobreza. Há ainda, abaixo, as castas dos comerciantes, os *Vaishya* (*Vaixá* ou *Vaicias*), as dos trabalhadores rurais e urbanos, os *Shudras* (*Sudras*). É comum que se compare essa divisão social com um corpo, sendo os *Brahmin* a cabeça, os *Ksatrya* os braços, os *Vaishya* são as pernas e os *Shudras*, os pés.

Siddharta, no entanto, optou por renunciar ao estilo de vida que tinha levado até então, aos confortos e à perspectiva de ter poder, a fim de buscar respostas para os sofrimentos que acometiam todos os seres. Anos depois de ter encontrado a iluminação, ele se dedicará a ensinar o caminho para a salvação a todos os que o procurassem, independente de qual fosse a casta de origem dos que buscavam seu conhecimento. Essa questão terá grande impacto tanto na expansão do budismo para outros lugares na Ásia, nos séculos seguintes, quanto para a extinção da religião na Índia, depois do século XIII E.C.

Quando Siddharta renuncia à vida em seus palácios e passa a viver como um andarilho em busca de respostas, ele procura primeiramente mestres de *yoga* com quem pudesse aprender. Foram seus mestres Alara (ou *Arada*) Kalama e Uddaka Ramaputta (ou *Udraka Ramaputra*); ambos já eram bastante conhecidos pelo domínio de técnicas complexas de controle do corpo e da mente. Siddharta conseguiu rapidamente dominar as mais difíceis técnicas de meditação e *yoga* para alcançar diferentes estados de absorção.

Os diferentes graus de absorção da meditação são chamados de *Jhanas* (ou *Dhyanas*), e eram não só conhecidos pelos brâmanes, como muito utilizados em diferentes práticas espirituais na Índia antiga. Os dois mestres *yogis* de Siddharta ficaram tão impressionados com ele, que queriam se tornar seus discípulos. Embora muitas daquelas técnicas de meditação tenham sido incorporadas no budismo, Siddharta ainda não tinha encontrado as respostas para o que procurava.

Algo semelhante aconteceu com algumas lideranças políticas com as quais Siddharta teve contato nesses anos de busca espiritual. A resposta que ele sempre deu foi no sentido de mostrar que não tinha interesse no poder político; afinal, havia renunciado ao próprio reino em busca da libertação completa de todo sofrimento.

Aliás, não havia deixado apenas seu reino, tinha abdicado de todos os amigos e da família. Todas as pessoas que havia conhecido e amado tinham ficado inteiramente para trás. Seus mestres *yogis*, outros sábios e reis que cruzaram seu caminho (no período compreendido entre os 29 e os 35 anos de Siddharta) ficaram impressionados e lhe ofereceram todo tipo de oportunidade de liderança espiritual e política. Siddharta, contudo, não desistiu do que procurava. Acabou indo aprender com um grupo de *samanas* que praticavam o ascetismo nos bosques de *Uruvela*.

Os ascetas eram pessoas que podiam seguir diferentes filosofias religiosas e que tinham rigorosas práticas com seus corpos, como longos jejuns e a exposição às chuvas, ao calor extremo, etc. Nessa fase, Siddharta também aprendeu técnicas para dominar os mais básicos impulsos de seu corpo. Algumas delas, que envolviam prender a respiração por longuíssimos períodos, causavam-lhe seríssimas dores de cabeça. Com o passar dos anos, passou a ingerir tão pouca comida que ficou tão magro que mal conseguia se manter de pé.

Essas rigorosas práticas tinham propiciado a Siddharta grande aprendizado e domínio sobre variadas técnicas de meditação, com diversos graus de absorção e concentração. Ainda não tinha, contudo, uma resposta definitiva para a questão do sofrimento que o tinha feito renunciar à forma como tinha vivido até os 29 anos. Resolve, então, deixar aquelas práticas e é visto pelos outros 5 ascetas se alimentando, episódio que os deixou muito decepcionados, pois acreditaram que Siddharta tinha se deixado seduzir por uma vida de luxos e prazeres.

2.3. Tentação e iluminação

Siddharta acaba indo se sentar embaixo de uma árvore, determinado a meditar até encontrar as respostas que procurava. Usando as técnicas que tinha aprendido nos últimos seis anos, que proporcionavam diferentes estados de concentração meditativa, os *jhanas*, ele finalmente encontra a iluminação, tornando-se um buda, que pode ser entendido também como "o desperto".

Antes, porém, Siddharta se depara com uma divindade de nome Mara. Com muita frequência, se compara Mara a Lúcifer. De fato, algumas semelhanças entre os dois são marcantes. Associa-se Mara aos desejos sensoriais, ao ciúme, à ignorância, à covardia e à autoglorificação, entre tantas outras coisas. Trata-se de uma divindade que vive em um dos níveis do céu, por causa do acúmulo de boas obras em vidas anteriores. Mara, no entanto, usa o poder para seduzir as pessoas e mantê-las sob sua esfera de influência. É possível que, em pesquisas, o leitor se depare com descrições de Mara como um demônio, mas é preciso ter cautela em relação aos significados que atribuímos a esses termos.

Segundo Peter Harvey, a vitória contra Mara simboliza a última batalha interior de Siddharta, antes de experienciar o *nirvana*, o nome budista dessa libertação incondicional do sofrimento e da morte (HARVEY, 2019, p. 50). Em textos posteriores àqueles reunidos no Cânone Páli, principalmente os ligados às tradições *Mahayana*, é possível encontrar belíssimas descrições desse momento, envolvendo as dramáticas tentativas de Mara para impedir Siddharta de alcançar a iluminação.

Conta-se que Mara tentou oferecer todo tipo de barganha, sugerindo que Siddharta buscasse uma vida religiosa mais convencional de boas obras. Vendo que todas as suas propostas haviam sido rejeitadas, Mara envia seus exércitos de fragilidades espirituais para tirar Siddharta daquele caminho. Diferentes passagens mencionam as filhas de Mara que aparecem representando os desejos sensuais/sensoriais. Tem-se também relatos dos exércitos que aparecem armados, prontos para a batalha. Pensadores ocidentais dos séculos XX e XXI têm imaginado essa derradeira batalha do Buda sob a luz da psicanálise. Para alguns desses autores, os exércitos de Mara podem representar nossos demônios interiores.

Mara, antes de ser derrotado, tenta se utilizar do seu lugar como divindade e desdenha toda a trajetória de busca espiritual de Siddharta. O jovem príncipe, contudo, permanece quase imóvel em sua posição de meditação, apenas tocando a terra com uma das mãos. Ao tocar a terra, Siddharta pede a ela que seja sua testemunha em relação a toda a sua longa busca, que vinha de muitas outras vidas, pela salvação e pela verdade. Com a deusa da Terra como sua testemunha, Siddharta vence Mara. Aprofundando-se nos níveis de absorção em sua meditação, aos 35 anos alcançou o *nirvana*.

O leitor já deve ter visto representações do Buda meditando debaixo de uma árvore de frondosa copa. Trata-se de uma das imagens mais populares dele e faz alusão a esse momento, que é importantíssimo para a consolidação do ideário budista. Depois que Siddharta encontrou a iluminação, tornou-se o Buda, ou um buda, como veremos mais adiante, ao falar um pouco das diferentes tradições budistas a respeito tanto desse momento quanto de seu fundador. Aqui em nosso texto, para facilitar a compreensão, quando estivermos falando do Buda, estaremos sempre nos referindo ao Buda histórico, a esse nascido Siddharta Gautama.

Essa árvore é um *Bodhi*, designativo muitas vezes traduzido como a "Árvore da Iluminação"; é um tipo de figueira (*fícus religiosa*). O lugar onde se acredita que Siddharta tenha se tornado o Buda, há muitos séculos, é local de importante peregrinação religiosa para os budistas até hoje. Trata-se de *Bodh Gaya*, na Índia. Uma figueira belíssima, que acreditam ter crescido de uma muda daquela original, sob a qual se sentou o Buda, ainda marca o complexo de templos budistas que começaram a ser construídos poucos séculos depois de sua morte. Mas o que queremos dizer com alcançar a iluminação? Qual o significado de *nirvana*?

2.4. Nirvana, Samsara e compaixão

Até aqui temos usado a história de vida de Siddharta como fio narrativo que tem guiado nosso texto e como aquele que costura os muitos e complexos temas que envolvem descrever toda uma religião, com 25 séculos de história, em tão poucas páginas. Acabamos por usar a expressão "encontrar a iluminação", como uma espécie de descrição desse momento de despertar em que Siddharta se torna o Buda.

O significado do *nirvana* está intimamente relacionado ao fim, à cessação de todos os fenômenos que causam a dor, a morte e o renascimento. Essas são as questões que tanto incomodavam Siddharta que ele renunciou a tudo e a todos para buscar uma saída. O *nirvana* não é, contudo, um lugar, como se fosse o paraíso, destino final de salvação para grande parte dos cristãos. Também não é exatamente um estado, no qual se pode ficar entrando e saindo, embora não seja incomum que encontremos descrições nesse sentido. Segundo Damien Keown, o *nirvana* é, ao mesmo tempo, um conceito e uma experiência (KEOWN, 2000, p. 45).

Podemos utilizar uma pequena história sobre a resposta que o Buda teria dado a um de seus seguidores para entender melhor algumas dessas questões. Nas várias décadas em que o Buda se dedicou a ensinar a todos que quisessem seguir o caminho para o *nirvana*, até sua morte, aos 80 anos, seus seguidores lhe fizeram incontáveis perguntas, que sempre procurou responder com muito cuidado. Um dos seguidores queria compreender a real e exata definição do *nirvana*.

O Buda, então, contou de um personagem que havia sido ferido e que insistia em saber quem havia atirado nele e qual a distância do disparo, dentre outras informações, sem permitir que retirassem a flecha envenenada de seu corpo. Pode-se pensar que a imagem da flecha envenenada está associada à condição de estar vivo que, de acordo com o budismo, envolve: o renascimento, o sofrimento, o envelhecimento, a morte, o renascimento e assim por diante. A esse ciclo sem fim dá-se o nome de *samsara*.

Querer saber sobre quem havia fabricado ou atirado a flecha, em vez de retirá-la, além de não ajudar em nada, ainda rouba a atenção sobre o que realmente importa naquele momento em que qualquer segundo conta: que é remover a flecha do corpo, de maneira rápida, para que o veneno tenha menos tempo para agir. Querer saber sobre o *nirvana*, nesse sentido, está ocupando um tempo que deveria ser gasto na busca pela cessação de todo o sofrimento.

Essa passagem revela características bastante interessantes do Buda; a principal delas é sua preocupação bem prática de ver o tema da salvação de todo sofrimento, morte e renascimento. É possível observar também como era importante para ele que seus discípulos chegassem às suas próprias conclusões de forma crítica e independente. Podemos ver essas histórias, contadas pelo Buda, um pouco como as parábolas cristãs. Elas são maneiras didáticas de responder aos questionamentos que muitas pessoas tinham em relação à sua doutrina.

Voltando à trajetória do Buda, após ter encontrado a iluminação, ter despertado, meditando sob a árvore *bodhi*, ele permaneceu ainda no mesmo bosque por mais de um mês, refletindo sobre os passos seguintes de sua vida. Havia conseguido compreender tanto sobre a natureza de todas as coisas do universo que chegou a pensar, naquele primeiro momento, que tudo aquilo estava muito além das possibilidades das palavras e das formas de se ensinar às pessoas. Questionou-se se não seria difícil demais transmitir o *dharma* (o leitor deve se lembrar que usamos esse termo quando falamos um pouco sobre os brâmanes, nas páginas anteriores, mas aqui já nos referimos à visão budista do termo).

O budismo partirá de conceitos e crenças presentes nas religiosidades e filosofias védicas importantes naquele contexto e lhe atribuirá outros significados. Aliás, não apenas nas religiões védicas como o bramanismo, mas também em filosofias e religiões que surgiram para se contrapor àquelas ideias, como é o caso do jainismo. Não é só o *dharma* que até hoje faz parte de outras religiões, como o hinduísmo, mas também a crença no ciclo infinito de renascimento e morte (o *samsara*) e na lei do *karma* (ou *carma*). Trata-se de convicções fundamentais para o budismo, que são anteriores ao surgimento da religião, mas que são o ponto de partida do Buda em seu primeiro sermão.

Ele havia alcançado o *nirvana*, que o libertara do *samsara* e, portanto, das amarras da lei do *karma*. Em suma, não renasceria de novo e tinha encontrado a resposta para o que procurava. Foi então que uma divindade, *Brahma Sahampati*, que era conhecida por sua compaixão, ficou apreensiva com o fato de que alguém que tinha despertado não pudesse dividir com os outros toda aquela preciosa e infinita sabedoria. Ela apareceu ao Buda e lhe pediu que se dedicasse a ensinar a quem pudesse compreender. O encontro do Buda com *Brahma Sahampati* tem sido visto por muitos budistas como o elemento final de sua formação. Até aquele encontro, havia conhecido o *nirvana*, mas faltava ainda terminar de desabrochar sua profunda compaixão.

O Buda quis, primeiro, ensinar aos seus mestres *yogis*, com quem tinha aprendido tanto, no início de sua busca espiritual. Como será tratado mais adiante, os graus de alcance dos conhecimentos que havia atingido lhe deram, entre muitas outras coisas, poderes psíquicos, que lhe propiciavam saber sobre todos os seres e seus renascimentos. Usou então essas habilidades para ver que seus mestres já haviam morrido. Decidiu que transmitiria seus ensinamentos aos companheiros ascetas, com quem tinha praticado todas aquelas formas extremas de abnegação do corpo.

Viajou a pé para as florestas da Reserva *Isipatana*, onde foi recebido, de início, com certo desprezo. Os 5 antigos companheiros de prática, ao avistarem o Buda, acreditaram que simplesmente tinha se rendido aos prazeres dos sentidos. Quando ele se pronunciou, contudo, perceberam rapidamente que algo de grandioso havia acontecido. Essa passagem, que precede o primeiro sermão do Buda, está entre as poucas ocasiões em que ele afirma sua autoridade espiritual antes de expor suas razões e sabedoria. Proferiu então seu primeiro sermão sobre as "4 Nobres Verdades", que têm sido melhor traduzidas como, as "4 Realidades Verdadeiras para os espiritualmente Enobrecidos" (HARVEY, 2019, p. 79).

Seu sermão parte do que o Buda tinha aprendido quando resolveu deixar as severas práticas ascéticas e foi visto pelos companheiros aceitando um pouco de comida. Tinha vivido até os 29 anos se permitindo todos os prazeres sensoriais e sensuais e depois tinha se privado de praticamente todos. Nenhum dos dois extremos lhe proporcionou encontrar a saída definitiva do *samsara*. Começou seu sermão afirmando que havia descoberto um caminho intermediário entre as duas formas radicais, um "Caminho do Meio", que evitava os exageros e conduzia ao despertar.

O leitor deve se lembrar de que falamos sobre a importância do símbolo do círculo na religião budista. Ao proferir esse sermão, diz-se que o Buda colocou a roda do *dharma* para girar.

3 ENSINAMENTOS, VERDADES E PRÁTICAS

3.1. Tempo *linear* e Tempo *não linear*

O budismo não acredita que o tempo e a história sejam lineares. Numa perspectiva linear da história, o passado, o presente e o futuro são pontos completamente distintos em uma linha do tempo. Para as doutrinas budistas, contudo, o tempo é algo mais cíclico, no sentido de que não se sabe onde está o começo ou o fim do círculo. A roda é um símbolo extremamente importante para o budismo, talvez tão importante como a simbologia da cruz para o cristianismo.

Entender o tempo de forma *não linear* envolve também a compreensão de que as formas como dividimos e contamos o tempo linear não necessariamente servem para se pensar todas as categorias de tempo e de história de acordo com os budistas. As escrituras podem ensejar uma compreensão mais fluida do tempo e de que ele pode ser sentido de maneira diferente por animais, espíritos, humanos e divindades. Enquanto os seres humanos vivem algumas dezenas de anos, por exemplo, as divindades podem viver muito mais.

Quando começamos a falar sobre a trajetória de vida de Siddharta Gautama, fizemos alusão à gravidez da mãe e ao nascimento dele como pontos de partida. Embora isso possa parecer natural para nós, para muitos budistas não se trata de algo tão óbvio. Muitos textos biográficos do Buda começam em vidas anteriores, sem que possamos necessariamente chegar a um número que quantifique quantos outros renascimentos ele teve antes de conseguir descobrir o caminho para alcançar o *nirvana*. É importante ter isso em mente para conseguir compreender um pouco melhor algumas das esferas de existência, da questão do *karma* e das muitas questões que condicionam nossos renascimentos.

Os budistas acreditam que podemos renascer não apenas como seres humanos, mas também como animais (seres sencientes), espíritos (*petas*) e deuses, deusas, entre outras formas. Os seres sencientes são, a grosso modo, seres vivos com graus de consciência mais avançados. Uma planta, por exemplo, é um ser vivo, mas não necessariamente um ser senciente.

Os budistas também acreditam que existem muitos "sistemas de mundos" espalhados pelo universo. É comum que se compare os "sistemas de mundos" budistas aos sistemas solares e às galáxias estudados pela astronomia moderna. Os renascimentos, assim, podem variar não apenas entre animais, seres humanos e divindades, mas podem também variar em qual mundo, das muitas possibilidades no universo, retornarão. O que determina como renascemos é o *karma*, bom ou ruim, que acumulamos. Somos, desse modo, herdeiros de nossas ações. Se acumularmos ações (com intenção) boas, temos maior chance de renascermos em esferas superiores.

O Buda ensinou que existem muitas esferas de existência submetidas ao *samsara*, o infinito ciclo de renascimento e morte. Diferentes tradições, às vezes, discordam em relação ao número 5 ou 6, mas em geral podemos encontrar as seguintes esferas em grande parte das filosofias budistas: a (1) esfera dos infernos, a (2) esfera dos animais, a (3) esfera dos *peta*, a (4) esfera das vidas humanas e as (5) esferas das divindades (algumas escolas de pensamento ainda trazem uma sexta categoria, a dos titãs).

Damien Kweon nos ajuda a compreender melhor todas essas esferas, ao sugerir que imaginemos um prédio de 30 andares. Os primeiros 4 vão dos infernos à vida humana. A partir do sexto "andar", todas as existências são divinas. As existências superiores, além de ter vidas muito mais longas, também sentem e experimentam o tempo de formas diferentes (KEOWN, 2000, p. 33).

Na imagem do prédio, no primeiro andar estão os infernos, divididos entre os que são quentes e os que são frios. Logo acima, no 2º andar, vem a esfera da vida animal. No 3º andar moram os *peta*, que são os falecidos que ainda permanecem muito apegados às suas existências anteriores como seres humanos. No quarto andar estão os seres humanos. Acima das vidas humanas, temos 26 espécies de céus diferentes.

Entre o 5º e o 10º andar desse prédio proverbial moram as divindades inferiores. Todas as existências, desde os infernos até aquelas das divindades dos primeiros 6 céus, estão ainda submetidas (em graus radicalmente diferentes) aos sentidos/sensações, porque sentem, em algum grau, dor e prazer, têm também desejo; têm vontade de não mais sentir dor ou de sentir mais prazer. Por isso todos os seres vivendo entre o inferno e o 5º céu, estão na esfera "do desejo dos sentidos".

Apenas as divindades superiores, distribuídas entre 15 céus seguintes, começam a ter a experiência de existência mais sutil, sem desejos. Essas existências superiores se dividem entre as de "forma pura", que ocupam os níveis entre os "andares" de número 11 e 26, e aquelas "sem forma". Os 4 céus mais superiores, das existências "sem forma", que começam no 27º. "andar", são respectivamente, os do (27º) "espaço infinito", seguido do (28º) da "consciência infinita". Os últimos dois níveis são o do (29º) "nada" e aquele chamado de (30º) *"não percepção e nem não percepção"*. Trata-se das formas de renascimento mais elevadas, de campos (*ayatana*) puramente mentais, sem qualquer conformação. Ainda assim, essas existências não são eternas. Os deuses e deusas estão submetidos ao *samsara*; dessa forma, estão também submetidos ao ciclo infinito de morte e renascimento.

O Buda, assim, acreditava em diversas divindades, mas não necessariamente acreditava exatamente que os deuses e deusas poderiam salvar e libertar por completo os seres humanos, porque também estavam submetidos ao *samsara*. As divindades também não definiam os destinos dos seres das diversas esferas de existência. Nesse sentido, o significado das divindades para o Buda pode ser bastante diferente da forma como a maioria das outras grandes religiões mundiais vê a questão.

Quando formos nos deter nas particularidades das diferentes doutrinas budistas, veremos que essas divindades terão papéis diferentes nas práticas devocionais das diferentes vertentes do budismo. Com a expansão da religião para outros lugares da Ásia, outras divindades vão adentrando o panteão das existências divinas e a relação de ajuda e interdependência entre humanos, espíritos e deuses pode variar muito, a depender do século e da localidade.

Talvez o leitor esteja se perguntando sobre a natureza humana ou divina do Buda. Como vivemos numa sociedade de matriz cristã, é natural que comparemos o fundador do budismo com o fundador do cristianismo. Trata-se de algo bastante complexo de se responder, tanto sobre a natureza humana e/ou divina do Buda, quanto da de Cristo, a depender da forma como se interpretam as escrituras sagradas de ambas as religiões. Os budistas ligados à tradição *Theravada* descrevem, muitas vezes, o Buda como um homem, posto que Siddharta nasceu humano e terminou sua busca espiritual em sua existência humana. E em muitos sentidos o Buda não se torna, mesmo depois de ter alcançado o *nirvana*, exatamente uma divindade, a não ser para algumas das tradições Mahayana (*Mahaiana* ou *Maiaana*), como veremos. Ele é, inclusive, admirado pelos deuses e deusas, que querem aprender com ele o caminho para o *nirvana*. Muito se refletiu sobre a natureza do Buda e se trata de um dos debates teológicos mais interessantes do budismo.

Ele se torna justamente **um** buda, alguém que despertou, alguém que está livre do *samsara* e dos efeitos do *karma*. Está acima das divindades, que permanecem sem conseguir acessar essa realidade plena, livre da morte, dos renascimentos e dos efeitos do *karma*, que é o *nirvana*. O "estar acima", contudo, não se relaciona com os poderes (milagres), com a forma (corpo) ou com o tempo de vida. Ele está fora da roda do *samsara*, enquanto os deuses e deusas permanecem dentro. Ter se tornado um buda é ter acesso a esse conhecimento, que está além do tempo e do espaço, que é impossível de quantificar e que tem um propósito muito prático de libertar; esse é um dos significados de *dharma* para o budismo.

Como já introduzido no conhecimento do *dharma*, vai dar ao Buda uma série de "poderes" e capacidades que se parecem com os milagres do cristianismo. Em algumas poucas passagens conta-se que ele curou feridas sem deixar qualquer cicatriz; também conseguia olhar para alguém e saber sobre as vidas passadas e as futuras, entre outras coisas. Ele, contudo, parecia dar pouco valor a isso e acreditava que sua melhor contribuição, antes do seu *nirvana* final (depois da morte), era educar as pessoas para que se libertassem por elas próprias. Diferentes passagens mostram o Buda pedindo àqueles discípulos que tinham encontrado o *nirvana* – e desenvolviam algumas dessas capacidades – para terem muita cautela em utilizá-las. O ideal era transmitir o *dharma*, com compaixão, para ensinar as pessoas que quisessem se libertar (HARVEY, 2019, p. 59);

Nos 45 anos que passou educando, o Buda procurou transmitir, na medida do possível, como tinha sido sua experiência até o *nirvana*. Menciona-se que ele conseguiu ver suas outras vidas e que recuou mais de 90 "éons". O éon é uma unidade de tempo muito grande que mede o tempo de existência dos "sistemas de mundos" espalhados no universo. O éon das antigas escrituras, contudo, não pode ser considerada exatamente uma medida precisa do tempo. Se compreendermos os sistemas de mundos mencionados pelo Buda com o que hoje entendemos como os sistemas solares e as galáxias, um éon talvez correspondesse a muitos bilhões de anos.

O tempo de existências superiores à existência humana, ou mesmo ao tempo de nascimento e renascimento e morte dos planetas, é uma noção dilatada demais para conseguirmos calcular. É possível pensar que o apogeu da existência é o renascimento no nível da "nem da percepção, nem da não percepção", que dura milhares de éons, mas eventualmente acaba. Os renascimentos em qualquer um dos 4 céus mais elevados, dentro da esfera "sem forma", estão tão avançados em termos de progresso espiritual que já não voltam mais às esferas de existências submetidas aos sentidos/sensação e desejos.

Sob a árvore *bodhi* até alcançar o *nirvana*, o Buda acessou esses níveis mais elevados de existência da esfera "sem forma" através da meditação. Podemos pensar que ele, talvez, poderia ter se contentado com aquele progresso. Sua busca, porém, desde o início, era a libertação plena. Uma forma de renascimento superior, puramente mental, que pode até durar 84 mil éons, é ainda uma forma de existência. Uma vida de bilhões de anos pode até se aproximar da nossa concepção de imortalidade, ainda mais se pensarmos nessas existências que "não voltam", mas em uma proporção muito dilatada do tempo, toda vida está sujeita à impermanência.

Podemos considerar, em muitos sentidos, que as divindades inferiores, que moram entre os "andares" de número

5 a 10, estão mais próximas da existência humana do que das existências nas esferas de "forma pura" ou "sem forma". Por mais superiores que sejam, em comparação às existências humanas, ainda são afetadas pelos desejos dos sentidos. Obviamente, o renascimento como um deus ou uma deusa proporciona uma existência muito mais longa e agradável. A brandura dos renascimentos divinos, contudo, pode também levar à complacência, ao descuido com as práticas espirituais de auto-observação e de compaixão. Por essa razão muitos deuses e deusas, que como tudo, são impermanentes, acabam renascendo em esferas inferiores. A existência humana, nesse sentido, embora necessariamente nos imponha a dor (e também o contentamento), nos permite também um maior equilíbrio para a busca pelo *nirvana*.

Talvez todas essas alegorias do prédio de 30 andares possam parecer muito abstratas e complicadas de se entender, por serem tão diferentes das doutrinas cristãs. As experiências dos infernos budistas são terríveis e podem ser comparadas àquelas das concepções de inferno do cristianismo. Contudo, talvez uma das diferenças mais impressionantes seja a questão de que nenhuma vida (renascimento), por mais longa que seja, é eterna. Então os renascimentos nas esferas de existência dos infernos, em algum momento, vão renascer em outras esferas superiores. Outra diferença é que o que determina o renascimento nos infernos não é um deus ou deusa, mas sim o *karma* que cada ser acumulou.

3.2. A lei do Karma e o Samsara

O papel do que conhecemos como "livre-arbítrio" é fundamental para a compreensão de quem decide, em larga medida, nosso *karma* somos nós mesmos. Não há, portanto, no budismo inicial, a figura de um deus criador, que tem um propósito e um destino para cada ser. O *samsara*, assim, não foi criado, em algum momento por um deus ou deusa. O *samsara* diz respeito às coisas como elas são, é uma roda, que não tem nem início nem fim. O movimento, as leis naturais que ditam os ciclos de renascimento e morte são ditados pela lei do *karma*.

A lei do *karma* pode ser vista, pelos budistas, talvez, de maneira semelhante a como muitos de nós enxergam algumas das leis da física, como a lei da gravidade, por exemplo. Podemos pensar que a gravidade não é boa ou ruim, ela simplesmente "é". A lei do *karma*, assim, não foi criada com um propósito por um deus ou deusa, nem nos leva a nenhuma direção específica. Alguns podem estar progredindo, melhorando seu *karma* e renascendo em esferas superiores, outros podem estar na direção contrária.

A visão de que o *karma*, bom ou ruim, determinando nossos renascimentos, pode parecer um pouco fatalista, no sentido de que cada ser "merece" estar na situação boa ou ruim na qual está. Essa é uma interpretação errônea dos princípios budistas. Se é verdade que se dá muito valor às ações passadas, ao *karma* acumulado, a lição principal do budismo é que é possível se desoprimir de tudo isso, é possível aprender e se libertar. Para os budistas, todos os seres vivos (seres sencientes) são merecedores de compaixão e respeito.

Lembremos, contudo, que o objetivo final não é renascer em alguns dos céus, como deuses ou deusas, mas sim se libertar definitivamente do *samsara*. O Buda alcançou o *nirvana* em vida, aos 35 anos, e permaneceu mais 45 anos ensinando o *dharma*, antes de morrer e se libertar de maneira definitiva. Ele viveu o *nirvana* em vida e na morte. Antes de passarmos para o próximo tópico, é importante pontuar que o Buda não criou o *dharma*, ele acessou esse corpo infinito de conhecimentos – a verdade – em suas muitas vidas de busca espiritual.

3.3. O primeiro sermão e as 4 Nobres Verdades

Em seu primeiro sermão, o Buda revelou as "4 nobres verdades" (as "4 verdadeiras realidades para os espiritualmente enobrecidos"), que ele descobriu ao se abster dos excessos de prazer e de sofrimento, ao escolher o "Caminho do Meio". Acredita-se que o sermão, esse discurso, aconteceu próximo à cidade de *Varanasi* (ou *Benares*), que fica às margens do Rio Ganges.

A 1ª dessas realidades é a da constatação da dor (*dukkha*). É comum que se encontre esta, bem como as outras 3 verdades, como postulações, como, por exemplo, "a realidade da dor" ou mesmo algo mais palpável como "a vida é difícil". Também se traduz, muitas vezes, essa 1ª. realidade com a palavra sofrimento ("A verdade do sofrimento"). A ideia por trás da 1ª. verdade é de que a existência, a vida, necessariamente leva a experiências dolorosas.

A 1ª. Nobre Verdade nos remete àquele momento da trajetória da vida de Siddharta, em que deixou os muros de seus palácios e entrou em contato com a velhice, com a doença e com a morte. Mas o que compreendemos como *dukkha* é mais amplo que os fatores que nos afetam física e materialmente. Em seu primeiro sermão Buda fala também do que hoje chamaríamos de dores emocionais, como a tristeza, o desespero e a saudade que temos de quem não está mais conosco. Também faz alusão a questões de cunho existencial, como nossa intrínseca dificuldade de lidar com não termos aquilo que queremos: nossa eterna insatisfação.

O entendimento dessa 1ª. verdade, sem um maior cuidado, pode nos levar, talvez, a ver o budismo como uma filosofia religiosa muito pessimista. Os budistas não se acham, talvez, nem pessimistas, nem otimistas, acreditam-se realistas. O enfoque das doutrinas budistas não é no que traz a dor, mas na natureza impermanente de tudo (*anicca*). Todas as coisas estão em constante mudança. Se nada é fixo, permanente, aquelas coisas (ou pessoas) que nos trazem muita felicidade também estão em constante mudança e um dia poderão nos trazer infelicidade.

O budismo não nega que a felicidade existe e que é uma experiência muito real. O contentamento e a tranquilidade que alcançamos com as práticas meditativas são valores extremamente importantes para os budistas, como veremos melhor ao falarmos da ética budista. O que o budismo prega, contudo, é que o que nos faz felizes não dura para sempre, é transitório. Seja um amor romântico, seja o conforto dos bens materiais, nada é tão fixo que não possamos perder. Aquela pessoa que amamos talvez deixe de nos amar algum dia. Uma crise financeira e bancária, como a que aconteceu em 2008, pode nos tirar todo o dinheiro que passamos anos para juntar.

A 1ª. Nobre Verdade, talvez, nos revele mais sobre a natureza impermanente de tudo. Ela nos oferece também uma perspectiva de que o contrário de *dukkha*, que escolhemos por traduzir como dor (e não como sofrimento), não é a felicidade, como talvez achemos que possa ser o óbvio. O contrário de tudo que é *dukkha* é o *nirvana*, é a cessação de tudo. Enquanto há existência, vida ou renascimento, há impermanência. Assim, o que nos faz felizes (ou infelizes) está em constante mudança. Nós estamos em constante mudança. Uma pessoa adulta não é o bebê que foi no início da vida, aliás, quem somos hoje não é igual a quem éramos ontem.

3.4. Dor, apego e insatisfação

A 2ª Nobre Verdade é a da causa da dor. O leitor pode estar se perguntando se não é a impermanência – que necessariamente nos leva a sentir algum tipo de dor física, mental ou existencial, em algum momento de nossas vidas – a razão de todo o sofrimento. A impermanência, no entanto, é apenas uma característica de tudo e de todos. Todos os seres, os deuses e deusas, as sociedades, os planetas e as galáxias morrem. A impermanência é uma característica de tudo o que está dentro da roda do *samsara*. Ela não é nem boa, nem ruim, é apenas como as coisas são.

A causa (*tanha*) do sofrimento não é a impermanência, mas a forma como lidamos com ela. Traduz-se *tanha* como sede, mas utilizaremos as palavras desejo e avidez para melhor compreender essa questão. Se é verdade que todos sentimos dor (*dukkha*), quais são as causas disso?

A maior causa de nossas dores é o desejo. Essa sede, avidez, toma 3 formas: (1) a avidez de prazeres sensuais, que partem dos nossos sentidos e sensações. Englobam nossa sede por sentir gostos, cheiros e sons de que gostamos, entre tantas outras coisas; (2) a avidez da existência; trata-se do nosso desejo de buscar novas experiências e ações que ajudem a consolidar nosso "eu" individual, que alimentem nossa eterna insatisfação; e, por fim, (3) a avidez pela não existência que se refere ao impulso que temos de nos afastar das coisas que nos são desagradáveis ou de destruí-las.

O que todas essas formas de avidez têm em comum é, em larga medida, a questão do apego e da insatisfação. Ao buscarmos sensações deliciosas, ou ao agirmos de maneira a nos autoglorificar, estamos nos apegando a sentidos/sensações e a coisas impermanentes. Esses desejos são persistentes e exigentes. Quanto maior o desejo de ter, experimentar, ser ou de destruir, maior o sofrimento. É possível dizer que há elementos de compulsão psicológica na 2ª. Nobre Verdade.

Uma metáfora, que pode ser útil tanto para compreender melhor a 2ª. Nobre Verdade, quanto para aprofundar nossa compreensão sobre o significado de *dukkha*, é aquela usada pelo Buda em outro sermão posterior: a imagem do fogo. Não é incomum que liguemos o desejo à imagem do fogo em outras tradições religiosas também.

O fogo, como o apego, precisa consumir um tronco de madeira para continuar alimentando suas chamas. Ao queimar o tronco, contudo, o fogo o destrói e passa a necessitar de outro tronco para continuar aceso. A avidez, que condiciona a que se queira algo, como o fogo, continua existindo mesmo quando o que foi alcançado se esvai. O fogo precisa constantemente de combustível para continuar alimentando suas chamas, da mesma forma que estamos sempre insatisfeitos e desejando outras coisas.

Entretanto, não é todo desejo, ou sede, que é ruim. Mais uma vez uma analogia de Damien Keown pode nos auxiliar para uma melhor compreensão do que é *tanha*. Ele se utiliza do exemplo de uma pessoa que fuma, sabendo que o hábito pode trazer malefícios tanto para sua saúde, quanto para a saúde de todos em volta. O desejo de acender um cigarro está relacionado com a autogratificação, que componentes químicos, como a nicotina, trazem de maneira instantânea ao corpo. As consequências do tabagismo, contudo, devem ser medidas não em relação à sensação de prazer provocada por cada cigarro, mas em relação a bens maiores. Já o desejo de parar de fumar, por exemplo, não é a mesma coisa. Trata-se de uma sede por algo positivo, por uma melhora para si e para as outras pessoas (KEOWN, 2000, p. 49).

Então não é todo desejo, toda sede, que é ruim. Podemos pensar, de maneira bem resumida, que os que são ruins são os que trazem recompensas sensuais/sensoriais desproporcionais às consequências daquelas ações (*karma*). Não queremos aqui fazer julgamentos sobre as dificuldades extremas que os tabagistas enfrentam para conseguir deixar a dependência de seus corpos às substâncias que estão nos cigarros. Mas podemos nos utilizar do exemplo desse vício como uma espécie de "apego químico" que, a longo prazo, traz sofrimento.

Mas se existem desejos bons e sedes ruins, como entender a segunda nobre verdade do budismo? É possível atacar esse problema por diversas frentes. Ao discorrer sobre o "Caminho do Meio", o Buda nos ensina que os extremos devem ser sempre evitados.

Não devemos nem nos render aos prazeres dos sentidos, de forma a nos tornarmos escravos das sensações gostosas que eles nos proporcionam, nem tampouco termos uma completa aversão a eles. O budismo oferece poucas respostas ou regras muito claras de conduta para seus praticantes leigos. O que nos ensina é que o esforço é majoritariamente nosso e que, muitas vezes, só descobrimos se estamos pendendo para comportamentos extremos de maneira empírica.

O budismo estimula que experimentemos, reflitamos e tiremos nossas próprias conclusões sobre tudo. O exame cuidadoso e compassivo de nossas ações, palavras e pensamentos é um exercício prático e cotidiano. O budismo é uma prática, uma religião, nesse sentido, muito trabalhosa. Faz-se necessário um constante esforço de auto-observação e de reflexão.

As escrituras budistas tratam da 2ª. Nobre Verdade como tendo 3 causas, as 3 raízes do mal. A arte budista as retrata com as imagens de um porco, de um galo e de uma cobra correndo uns atrás dos outros em círculo. Traduz-se também essas 3 razões como avidez (cobiça, ambição), ódio e ignorância. Para entendermos as 3 causas, é importante frisar que as ações, o *karma*, podem ser ações do corpo, da fala e da mente.

3.5. Surgimento condicionado, conexão e pensamento crítico

Antes de passarmos para a 3ª. e a 4ª. Nobres Verdades, precisamos compreender um pouco mais sobre o princípio do "Surgimento Condicionado". Um exemplo que pode nos ajudar a entender como o *karma* é produzido a partir do que fazemos, do que falamos e de como pensamos é aquele que todos nós já devemos ter passado em algum momento. Às vezes, quando estamos com algum desconforto, uma dor de cabeça, por exemplo, e nosso irmão mais novo esbarra em nós – ou nos pergunta algo que já respondemos – tendemos a reagir sem paciência.

Não agimos sempre dessa forma, nem tivemos a intenção de falar de maneira grosseira. As circunstâncias acabaram por levar o melhor de nós. Nosso irmão, contudo, pode não saber sobre o que está acontecendo conosco, assim como também não sabemos que tipo de sofrimento ele está passando. O que o budismo teria a dizer sobre esse caso é que o impulso de apego ou um sentimento de raiva não precisam se desdobrar em palavras ou ações negativas. Aqui está uma das razões da centralidade da meditação para o budismo. As práticas meditativas podem trazer uma tranquilidade profunda que permite que observemos esses impulsos e sensações que levam ao apego (de acreditarmos, por exemplo, que nossa dor de cabeça é mais importante que o que nosso irmão está enfrentando e por isso nossa grosseria é justificada). A observação compassiva das ações do corpo, da fala e da mente possibilita que as pessoas se tornem menos escravizadas de seus desejos sensoriais, da raiva e da ignorância. Um pensamento ruim que vem à cabeça, ou uma dor de cabeça, a partir do momento que passamos a praticar a auto-observação compassiva, não precisa acarretar o tratamento de outros seres de forma ríspida.

Quando tratamos mal nosso irmão, passamos a contribuir para que o dia dele também seja mais difícil. Nossas palavras terão impacto não só sobre quem cruzou nosso caminho nesse momento tão desafortunado, mas sobre todos os seres com quem nosso irmão irá interagir. Ao se sentir injustiçado e ofendido, ele poderá também ficar com ódio e acabar descontando em outros seres com comportamentos negativos. Pode ser que chute seu cachorrinho, ou faça *bullying* com os colegas na escola, ou trate mal nossa mãe, que trabalha tanto para garantir que vivamos bem. O princípio do "Surgimento Condicionado" se relaciona com essas ações, *karma*, e reações que vão acontecendo e que vão afetando, muitas vezes, pessoas e seres que nem conhecemos ou que nunca quisemos ferir. É preciso cuidado e compaixão com o que fazemos, falamos e pensamos para que não magoemos nem a nós mesmos nem às outras pessoas.

A doutrina do "Surgimento Condicionado" deve ser entendida de forma mais ampla do que o exemplo acima quis alcançar. Nossas ações criam e destroem palavras, sentimentos, relações e seres. As ações e reações não apenas "conectam" todos nós, mas estão na base do que somos. Podemos pensar que nosso "Eu", bem como tudo, é fruto da combinação transitória dos muitos elementos que nos formam.

Mas porque, mesmo sem dor de cabeça, às vezes sentimos raiva e desespero? Com a 1ª. Nobre Verdade, aprendemos sobre a impermanência; já a 2ª. realidade para os espiritualmente enobrecidos nos ensina que entre as causas (*tanha*) da impermanência estão os 5 fatores que nos compõem como indivíduos: nossa (1) forma material (*rupa*), nossos (2) sentimentos/sensações (*vedana*), nossa (3) percepção (*sanna* ou *samjna*); nossas (4) formações mentais ou kármicas (*sankharas* ou *samskara*) e nossa (5) consciência (*vinnana* ou *vijnana*). Somos a combinação desses feixes de características que, somadas, formam nosso "eu", único, nossa identidade.

O apego a essa identidade, tudo aquilo que nos torna tão únicos, não leva em conta o fato de que somos formados por essas "coisas" diferentes que, portanto, têm naturezas diferentes. Da mesma forma como uma mesa é formada por quatro pés e um tampo. Se um dos pés da mesa quebrar, teremos ainda as outras partes, mas não será possível nem montar nem usufruir daquilo que um dia foi nossa mesa.

A metáfora da mesa pode nos ser útil para compreender um conceito muito importante para o budismo. Será que sem um dos pés a mesa, que terá que ficar desmontada, ainda é uma mesa? Os budistas pensam que não, trata-se de uma placa e de cilindros de madeira. O apego à identidade única – à "identidade apreciada" – da mesa vai nos impedir de reutilizar a madeira para construir outros móveis para a casa.

Os sentimentos de raiva ou de orgulho, assim, são impurezas da mente e nascem dos desejos sensuais, da má vontade, da preguiça, da agitação e do medo do compromisso. Mas de onde vêm essas impurezas, essas máculas da mente? As raízes, essas imperfeições espirituais, podem vir: dos desejos sensoriais; do apego à (essa) existência, a uma identidade apreciada; dos pontos de vista; e da ignorância espiritual.

Os budistas não acreditam em algo como um pecado original. A psicologia espiritual do budismo acredita, de maneira bem simplista, em 2 níveis da mente. Um nível mais superficial – profundamente influenciável pelos sentidos e sensações – e um mais profundo, de tranquilidade. Acreditam que, por baixo das impurezas, existe uma mente fantástica, capaz de experienciar o *nirvana*. As profundezas da mente, esse lugar de luz, são livres de impurezas ativas e representam o potencial de todos para a transformação positiva.

Essa questão da identidade única, daquilo que muitas vezes chamamos de alma, da filosofia budista é bastante diferente das doutrinas judaico-cristãs com as quais estamos mais habituados a lidar. A maioria das grandes religiões mundiais entende que cada um de nós tem algo de único, o que somos de verdade, que nem mesmo a morte consegue eliminar.

Talvez um bom exemplo seja os de algumas das tradições ligadas ao espiritismo, que creem na reencarnação. De maneira muito resumida, até porque esse não é o tema deste livro, o que alguns espíritas acreditam, por exemplo, é que uma mesma alma poderá "ocupar" diferentes corpos, em diversos momentos no tempo e no espaço. Para as pessoas que acreditam nesses preceitos, o que faz de "você" realmente "você", não é seu corpo, a aparência física ou as coisas materiais e imateriais que são conquistadas em vida, mas a sua alma, que transcende tudo isso.

Para o budismo essa concepção é muito diferente. Somos compostos por nossa forma material, nossos sentimentos/sensações, nossa percepção, nossas formações kármicas e nossa consciência. Como no exemplo da mesa que é composta por um tampo e 4 cilindros de madeira, que servem como pés. Cada um desses feixes de elementos é impermanente, está em constante mudança. O apego a uma configuração única do "Eu" é também uma espécie de prisão, que nos traz sofrimento. A libertação que o budismo busca é também a libertação dessa ilusão de um "Eu" – do Ego – único e desligado de todo o resto dos seres.

A expressão popular de que a "dor é inevitável, mas o sofrimento é opcional" cabe perfeitamente na reflexão até aqui desenvolvida. Outra lição que podemos levar é que tudo e todos estão conectados, sendo condicionados e condicionando ações e reações. Vale lembrar que o budismo acredita que é possível renascer – infinitamente – em esferas inferiores e superiores de existência. Assim, em termos de probabilidade numérica, todas as pessoas (e animais) que cruzam nossa vida já foram (ou serão) nossos amigos, mães, pais, irmãos ou filhos em outras vidas. Essa é uma, entre muitas, das razões do budismo nos ensinar a tratar todos os seres com amor, respeito e compaixão.

Lembremos sempre do que o Buda prezava o pensamento crítico e independente de todos que buscavam sua ajuda. Em muitas passagens, aconselhou aos discípulos e discípulas que apenas confiassem nas palavras dele depois de terem refletido e experimentado aquilo que lhes causava *dukkha*. A reflexão sempre relacionada com o constante exercício da meditação. O despertar, a iluminação, não é algo que acontece de um momento para outro, é um processo, trabalhoso e difícil. Precisamos querer despertar, dedicar tempo para isso. Sem um constante esforço, acabamos condicionados por nossos desejos e por padrões mentais negativos que, em larga medida, herdamos de ações e de existências passadas.

Passemos então à 3ª. Nobre Verdade, que é aquela sobre a cessação, o fim do doloroso. O que é doloroso, como vimos, é *dukkha*. A cessação de tudo que é *dukkha* não é felicidade, é a libertação de tudo que é impermanente, é o *nirvana*. A 3ª. realidade para os espiritualmente enobrecidos é o fim de tudo que é doloroso (*dukka*) e também de suas causas (*tanha*).

A 3ª. e a 4ª. Nobres Verdades são, talvez, melhor entendidas juntas. Utiliza-se muito a metáfora da doença para facilitar a compreensão das 4 realidades para os espiritualmente enobrecidos. A 1ª. é a constatação da doença, que nos traz o sofrimento; a 2ª. seria sobre as causas dessa doença; a 3ª. é sobre o fato de que existe uma cura para ela. Já a 4ª. compreende os 8 remédios que precisam ser tomados para nos curarmos.

3.6. O Caminho Óctuplo, a ética budista e os/as Arhats

A 4ª. Nobre Verdade é a do Caminho Óctuplo, uma espécie de receita prática para a paz, para o (auto)conhecimento e para o despertar pleno: (1) a visão correta; (2) a intenção correta; (3) o falar correto; (4) o agir correto; (5) o meio de vida correto; (6) o esforço correto; (7) a atenção plena (*mindfulness*) correta; e (8) a unificação mental (concentração) correta. Os 8 itens são agrupados em 3 grupos, o grupo relativo à sabedoria, o relativo à moralidade e o relativo à meditação.

Para desenvolver a sabedoria é preciso um esforço contínuo da mente para a (1) visão correta, ou perfeita, que envolve assumir a responsabilidades por suas ações (*karma*) e buscar compreender de maneira direta e transformadora a realidade condicionada das existências submetidas à roda da vida, ao *samsara*. É necessário também ter a (2) intenção correta, que envolve a esfera do comprometimento de tentar agir com bondade amorosa, compaixão e com renúncia.

Para uma formação moral virtuosa, é preciso se preocupar com o (3) falar corretamente, que vai desde não mentir, até se abster de dizer o que machuca os outros, mesmo que se entenda que seja a verdade. A fala, e o silêncio – que é uma parte importante da prática e da ética budistas – tem que ser permeada de compaixão.

A (4) ação correta é o respeito absoluto por todos os seres vivos, não tomar para si o que não é seu e evitar os extremos em relação aos prazeres e privações sensoriais. O (5) modo de vida correto é aquele que não causa sofrimento aos seres sencientes. Também é aquele que lhe permite ganhar a vida sem prejudicar, enganar ou matar os outros.

O (6) esforço, a (7) atenção plena e a (8) concentração estão na esfera das práticas meditativas. Meditar é uma das atividades mais importantes para os budistas e ela envolve um esforço de sempre partir de estados mentais saudáveis. É necessária atenção plena (*mindfulness*) que envolve a observação cuidadosa de tudo que nos cerca, do nosso corpo (principalmente nossa respiração), dos nossos pensamentos e do *dharma*. Por fim, é necessária a concentração correta para que as energias da mente sejam destinadas aos diferentes estados de absorção (*jhanas*).

A doutrina budista divide as práticas e técnicas da meditação em diversos níveis e estágios de absorção para acalmar a mente. A dedicação à meditação, à busca espiritual, é diferente para as pessoas que escolhem a vida monástica e para os que permanecem leigos e leigas. Para entendermos um pouco melhor essa relação entre monges (e monjas) e leigos (e leigas), é interessante retomarmos um pouco aquele momento da vida do Buda posterior ao *nirvana*.

Depois de proferir seu primeiro sermão e ordenar seus 5 antigos companheiros ascetas como os primeiros monges budistas, outras pessoas também começaram a se juntar à sua comunidade espiritual, a *Sangha*. O Buda poderia ter se libertado de tudo, mas sua profunda compaixão e sua disponibilidade de se doar para as outras pessoas o mantiveram ainda nessa realidade. Antes de morrer, ficou doente e há relatos de como ele se sentia desconfortável fisicamente.

A compaixão, a renúncia e a doação estão na base da ética budista. Já tratamos da importância da renúncia e da compaixão em outros momentos do texto, quando refletimos, por exemplo, sobre os incontáveis renascimentos que fazem com que todos os seres tenham grande probabilidade de terem sido nossos entes queridos em outras vidas. Todos os seres devem ser tratados com profundo respeito e compaixão, não só porque provavelmente já foram nossos amados, mas porque possivelmente também nos trataram com amor em outras existências. Qualquer que tenha sido o *karma* ruim que possam ter produzido para terem renascido em formas inferiores, o budismo acredita que qualquer um pode mudar para melhor.

A doação pode ter também um aspecto muito prático, que é a doação de alimentos e roupas para as *sanghas*. A experiência de busca espiritual do Buda antes do *nirvana* tinha sido, em grande parte do tempo, junto ao Movimento dos *Samanas*, que eram, em geral, andarilhos mendicantes. Essa característica se consolidou também como parte do funcionamento inicial das *sanghas*. Os monges e monjas viveram – e muitos ainda vivem – portanto, de doações. Em contrapartida todos os que escolheram a vida monástica doam de volta algo mais precioso, sua sabedoria para a libertação de todos os seres, o *dharma*. Há uma relação de interdependência e doação entre aqueles recolhidos à vida religiosa e os que vivem no mundo comum.

A doação, contudo, é também algo bastante mais profundo que essa relação que se desenvolveu entre as comunidades locais e as *sanghas* desde os primeiros séculos do budismo até a atualidade. Ela é um valor presente em todos os aspectos da vida dos budistas. A doação de tempo, de escuta, de ajuda, de presença e de presentes é extremamente importante para todos os budistas.

> No budismo, a virtude moral é a base para o caminho espiritual, embora considere-se que o apego rígido às regras e observâncias como se fossem o caminho seja um "grilhão impeditivo". Vê-se a virtude uma fonte de liberdade com relação ao remorso, e isso ajuda a pessoa a se desenvolver por meio da alegria e do contentamento, atingindo assim a calma meditativa, a compreensão e a libertação (...) A superação de *dukka*, tanto em nós mesmos quanto nos outros, é a principal preocupação do budismo, a ação ética contribui para isso. Considera-se que, pela natureza das coisas, o comportamento ético reduz o sofrimento e aumenta a felicidade, tanto em nós mesmos quanto nas pessoas com quem interagimos. A vida moral não é uma obrigação opressiva formada por "deveres" vazios, mas sim uma forma edificante de felicidade, na qual o sacrifício dos prazeres menores promove a experiência de prazeres mais enriquecedores e satisfatórios (HARVEY, 2019, p. 88).

A ética budista, portanto, parte do exercício diário da renúncia, da compaixão e da doação, não apenas com um fim prático de alcançar o *nirvana*. Fazer o bem sem a intenção correta não gera muito *karma* positivo. A ética budista, além de uma forma de viver, é uma forma de encontrar felicidade e contentamento na existência em que estamos (cada existência é uma oportunidade de aprendizado), em conexão com as vidas que nos cercam. Não se pode nunca esquecer, principalmente para os praticantes leigos e leigas, que o exercício de compaixão envolve primeiro a autocompaixão.

A doação, em suas mais diversas formas, assim como outras práticas compassivas e de amor por todos os seres, geram *karma* bom (*punna* ou *punya*), que se tem traduzido como "mérito". Para as sociedades de matriz judaico-cristã, contudo, ter mérito muitas vezes pode também conter a ideia de que se fez algo que envolva o merecimento de algum tipo de recompensa. O mérito para o budismo não tem esse significado e por isso estudiosos, como Peter Harvey, têm usado a expressão "fruição kármica" para traduzir *punna*. Nossas ações éticas não geram apenas *karma* positivo para nós mesmos, mas também podem ser compartilhados e multiplicados por todos aqueles que recebem os frutos de nossas boas ações.

De qualquer maneira, há 5 regras de conduta que devem ser seguidas por todos os budistas. Trata-se dos preceitos fundamentais da ética budista, as "5 Virtudes". Ainda que possamos pensar essas regras de maneira semelhante aos mandamentos do cristianismo, uma das grandes diferenças, contudo, é que enquanto os mandamentos são prescritivos, usando formas como "não farás isso", no budismo o enfoque é na capacidade de cada pessoa de procurar se libertar do *samsara*. No mais, o cumprimento das virtudes é um compromisso de cada budista com ele mesmo, não com o Buda, nem com as divindades nem com os outros. Então, em vez de pensarmos a primeira regra como "não farás mal a nenhum ser", formula-se algo como (1) "procurarei me ensinar constantemente a não fazer mal a nenhuma criatura viva". Além de não fazer mal, as outras regras observadas pelos budistas é que (2) não se deve falar/agir com desonestidade e (3) não se deve causar sofrimento por meio do comportamento sexual.

Os três primeiros preceitos estão na esfera do "agir correto", ou da ação perfeita, do Caminho Óctuplo. O quarto preceito é o do (4) proferir palavras falsas, que se relaciona com o falar correto, ou a "fala perfeita". Esse preceito é bastante mais amplo que apenas não mentir, mas também se relaciona com a forma como as coisas podem ser ditas e a escolha do silêncio.

O último preceito é que (5) se deve evitar o consumo de substâncias entorpecentes e está relacionado à questão da atenção plena (*mindfulness*) correta do Caminho Óctuplo. Consumir bebidas alcóolicas, por exemplo, acaba por turvar nossas mentes, atrapalhar a clareza de nossa consciência, e nos afastar do exercício constante de procurar enxergar com clareza nosso entorno. Nos países budistas, contudo, não se proíbe a venda ou o consumo de bebidas alcoólicas, como acontece em nações muçulmanas. Muitos interpretam que é a embriaguez extrema que deve ser evitada, o consumo responsável e em pouca quantidade do álcool não fere a 5ª. Virtude.

Embora todas essas regras possam parecer muito claras e prescritivas de comportamentos muito exatos, é necessário refletir sobre o apego, inclusive o apego às normas da doutrina ensinada pelo Buda. O Caminho do Meio prega pela interpretação mais equilibrada e menos rígida de tudo, além de pregar pelas práticas da doação, da virtude moral e da meditação. Não se trata apenas de meditação, mas do que Peter Harvey chama de "cultivo meditativo de qualidades hábeis", que abrange o desenvolvimento das habilidades mentais de encontrar tranquilidade e concentração para tornar nossa visão das realidades menos confusa possível.

Há uma metáfora muito interessante usada pelo Buda para pensar essa questão. Certa vez, ele se referiu ao *nirvana* como a outra margem do rio. Seus ensinamentos seriam a balsa que nos levaria da margem não iluminada, não esclarecida, do rio até a outra margem. Uma vez que se alcança a outra margem, contudo, não é preciso carregar a balsa consigo.

Até o primeiro preceito que parece ser, talvez, o mais objetivo, o de não matar, pode ser observado das formas mais complexas. Durante a Guerra do Vietnã (1959-1975), por exemplo, muitos monges budistas atearam fogo a si mesmos, com o propósito de chamar a atenção do mundo para os horrores que o país estava sofrendo. Matavam a si mesmos e entendiam aquele ato não como suicídio, mas como um ato de doação (de si mesmos). Além de serem responsáveis pelo *karma* gerado, entendiam que fariam mais bem do que mal, visto que poderiam ajudar a preservar milhares ou até milhões de vidas vietnamitas.

A questão do aborto também pode ter diferentes tratamentos. No Japão – onde as pessoas praticam o budismo em conjunto com práticas xintoístas – a prática do aborto é relativamente comum e não é criminalizada. Os pais do feto abortado, entretanto, muitas vezes sentem a necessidade de reparar o ato em rituais com que pretendem cuidar daquele espírito. Em entrevista para o jornal estadunidense *The New York Times*, em 28 de novembro de 1993, o 14º. Dalai Lama se pronunciou da seguinte maneira:

> É claro que o aborto, do ponto de vista do budismo, é um ato de matar e é negativo, de maneira geral. Mas depende das circunstâncias. Se a criança que ainda não nasceu for ter problemas ou causar riscos à mãe, esses casos têm de ser considerados exceções. Penso que o aborto deve ser aprovado ou condenado de acordo com cada situação (tradução nossa).

Mais recentemente, diferentes debates religiosos sobre esse tema têm mostrado algumas mudanças nas interpretações do próprio Dalai Lama, bem como de outros expoentes do pensamento budista. Embora estejamos tratando de um tema muito sério, podemos dizer que o budismo é uma religião muito "bem-humorada", que procura tratar da impermanência das questões mais pesadas com muita leveza e com uma atitude de abertura ao aprendizado (GROSS, 1993, p. 28).

Conta-se que o Buda parece ter resistido por algum tempo a aceitar mulheres em sua *sangha*. Alguns estudiosos, como Jonathan Landaw e Stephan Bodian, fazem a interpretação de que o Buda não ordenava monjas nos primeiros anos por achar que as sociedades da Índia antiga não teriam como acomodar mulheres que renunciavam à família e à vida mundana. Outros especialistas acabaram por focar na capacidade do Buda de ouvir e aprender. Uma vez que ele pregava que todos podiam se libertar, independente da casta (dos *varna*) em que tinham nascido, por que isso não se aplicaria também às mulheres?

No que muitos historiadores parecem concordar é que essa mudança de atitude se deveu às mulheres que buscavam seus ensinamentos e não aceitaram não poderem ser ordenadas, e também a seu primo Ananda, que ajudou a cuidar dele até a morte. O Buda incentivava o pensamento crítico e condenava alguns de seus seguidores que deixavam de questionar seus ensinamentos e passavam a acreditar nele cegamente. Os métodos pedagógicos do Buda puderam e podem, sem dúvida, gerar "alunas" e "alunos" cheios de autoconfiança.

Voltando às "5 Virtudes", faz-se necessário reiterar que o primeiro preceito é, obviamente, até mais amplo e não fala apenas de matar seres humanos, mas quaisquer seres vivos. Embora muitos budistas sejam vegetarianos, muitos não são. Uma grande parte das ordens monásticas não permite o consumo de animais entre monges e monjas. O abate e o sofrimento dos animais que são consumidos são custos kármicos sob a responsabilidade daqueles envolvidos.

Entre os budistas tibetanos, por exemplo, o consumo de carne já foi absolutamente necessário para a vida, pelo menos até as primeiras décadas do século XX. Trata-se de uma região no alto do Himalaia, muito fria e com pouca diversidade de plantas comestíveis. O tratamento e abate dos animais, contudo, é bastante compassivo e há de se refletir até sobre o consumo de mel de abelhas. Em geral, prefere-se a morte de um animal grande, que possa alimentar muitas pessoas, do que vários animais pequenos, por exemplo. Os açougueiros, ainda assim, são mal vistos pelos tibetanos e tibetanas. Trata-se "do meio de vida correto" do "Caminho Óctuplo", que sugere que os budistas tenham trabalhos e profissões que não dependam do mal que fazem a outros seres.

As "5 Virtudes" servem para todos os budistas leigos e também para aqueles que escolheram a vida monástica. As regras para os monges e monjas são mais numerosas e variam muito entre as diferentes tradições. O Buda dedicou muitos de seus ensinamentos para tratar dos comportamentos cotidianos que ajudariam monges e monjas a alcançar o *nirvana*. Mais do que regras e prescrições claras, grande parte das doutrinas budistas incentivam a reflexão crítica e a observação compassiva de tudo e de todos.

Talvez o leitor esteja se perguntando se os monges ou monjas – ou mesmo leigos e leigas – que alcançam o *nirvana* não se tornam, como Siddharta, também budas. Essa é uma discussão muito interessante e que será retomada quando falarmos das diferentes tradições. Contudo, nos primeiros séculos, aqueles ou aquelas que, com os ensinamentos do *dharma*, conseguem se libertar do *samsara* são considerados(as) *Arhats* (ou *Arahants*). É possível encontrar traduções para o termo como "venerável", mas esse é um daqueles conceitos especialmente difíceis de traduzir. O Buda (re)descobriu o *dharma* e se dedicou a revelá-lo e a ensiná-lo. Os *Arhats* aprendem com os ensinamentos já descobertos para alcançar o mesmo objetivo final.

Muitos *Arhats*, assim como monges e monjas que dominavam capacidades meditativas muito avançadas, acabavam também conseguindo desenvolver algumas capacidades psíquicas e paranormais, como aquelas que o Buda passou a ter depois do *nirvana*. O Buda, contudo, entendia que esses poderes eram perigosos e poderiam levar ao apego ou à autoglorificação (HARVEY, 2019, p. 76).

Depois de 45 anos viajando e pregando, o Buda caiu doente, nos últimos 3 meses de sua vida. Até em seu leito de morte continuou ensinando e respondendo às perguntas de todos que queriam aprender. Escolheu não nomear nenhum sucessor para assumir a liderança da *sangha*, pois acreditava que tinha cumprido seu papel de ensinar – de se tornar – o *dharma*, que guiaria seus seguidores e seguidoras. Faleceu entre duas árvores, na cidade de *Kusinara* (*Kushinagar* ou *Kusunagai*), adentrando de forma calma em diferentes estados de absorção meditativa em direção ao *nirvana* final.

Seu corpo foi cremado e suas relíquias (incluindo a tigela e a colher usadas para recolher suas cinzas) foram distribuídas entre 8 estupas em locais importantes para a sua trajetória. Estupas são construções que se parecem com montes cônicos arredondados de terra e pedras, e que mais tarde evoluíram para construções bastante mais complexas, que passaram a ser associados ao budismo e se tornaram locais de grande devoção. Pode ser que o leitor encontre também o termo "pagode" para se referir a essas construções que se tornaram cada vez mais diversificadas e comuns em muitos lugares do continente asiático.

Talvez o leitor já tenha se questionado sobre a relação entre o budismo e os números. Falamos até aqui das "4 Nobres Verdades", do "Caminho Óctuplo", das 3 raízes do mal, dos 5 feixes de fatores que compõem os seres, das "5 Virtudes", entre outros. Como o Buda era um professor, um mestre, educando seus discípulos e discípulas, talvez algumas dessas questões sejam formas pedagógicas de ensinar. Há ainda um último "número" que é importante saber, ou seja, o das "3 Joias" do budismo, os 3 refúgios de todos os que buscam a salvação, que são: O Buda, o *dharma* e a *sangha*.

Budistas buscam refúgio e sabedoria no Buda, como exemplo e como o guia que redescobriu o *dharma*. O *dharma*, de forma resumida, como esse corpo de verdades e de ensinamentos que leva ao *nirvana*. E, por fim, a *sangha*, como a comunidade espiritual que nos apoia e na qual nos apoiamos na trabalhosa busca espiritual que nos oferece o budismo.

Poucos anos depois da morte do Buda, um de seus discípulos que tinha alcançado o *nirvana* (e era, portanto, um *Arhat*), assumiu a liderança do conselho dos monges e monjas; seu nome era *Mahakashyapa* (pode-se também encontrar mencionado como *Maha Kasyapa*, *Mahakasyapa* ou *Mahakassapa*). O Venerável *Mahakashyapa* convocou o 1º. Conselho Budista, um concílio, com 500 *Arhats*, para que pudessem organizar tudo o que havia sido proferido pelo Buda ao longo de 45 anos. Junto com Ananda, que era provavelmente a pessoa que mais tinha desfrutado da presença constante do Buda, recordaram os discursos e dividiram os ensinamentos em 3 *Sutras* (ou *Suttas*): os discursos do Buda, a disciplina (principalmente em relação à vida monástica) e o Sutra do Conhecimento Superior (que trata da fenomenologia budista). Acredita-se que tudo isso aconteceu na cidade de *Rajgir* (*Rajagaha* ou *Rajagrha*) e tudo foi feito de forma recitada (e passada via tradição oral).

Nesse primeiro século, a expansão do budismo foi, aparentemente, quase sempre pacífica, com os monges e monjas viajando para difundir os ensinamentos da forma como entendessem que haveriam de conseguir alcançar mais pessoas interessadas em saber mais sobre o caminho para a salvação. Como o *dharma* foi se espalhando em culturas cada vez mais distantes e diferentes daquela do nordeste da Índia antiga, muitas divergências começaram a surgir e convocou-se o 2º. Conselho Budista, cerca de 100 anos após a morte do Buda, em *Vaishali* (ou *Vesali*); e menos de duas décadas depois, outro em *Pataliputta* (ou *Pataliputra*).

A partir do 2º. e do 3º. Concílio, deu-se um primeiro grande cisma da religião budista, seguido de muitos outros, que separaram os monges e monjas em diferentes tradições, hoje majoritariamente extintas, mas que são agrupadas entre as interpretações dos anciãos e o restante da *sangha*, a "Grande Comunidade". Os anciãos acreditavam guardar e seguir os ensinamentos originais passados pelo Buda, enquanto os que pertenciam à "Grande Comunidade" acreditavam que era preciso pensar nos princípios e intenções do Buda, mas com interpretações com espaço para abrigar novas ideias e práticas (como o próprio Buda havia ensinado).

Das muitas doutrinas dos anciãos, provavelmente apenas a *Theravada* se perpetuou e alcançou os dias de hoje. Já as escolas e tradições da "Grande Comunidade" influenciaram profundamente o que viria a ser o budismo *Mahayana*, que veremos no próximo capítulo.

Em termos práticos, contudo, talvez ninguém tenha contribuído tanto para o crescimento inicial do budismo como *Ashoka*, rei do Império Máuria. Acredita-se que ele tenha vivido entre 304 e 232 A.E.C. Seu reino se expandiu da região nordeste da Índia, onde tinha nascido e vivido o Buda, para grande parte do subcontinente indiano, incluindo parte do atual Afeganistão, a oeste, e Bangladesh a leste.

As conquistas militares de *Ashoka*, obviamente, provocaram milhares de mortes nas regiões em que as sociedades locais optavam por não se submeter. Diferentes documentos históricos mostram que, depois de algumas das campanhas mais sangrentas de suas conquistas, o Imperador parece ter percebido o mal que havia causado e se converteu ao budismo.

Os princípios do pacifismo e da *não violência* do budismo o impediram de continuar suas guerras de expansão. Seu governo passou também a se dedicar a obras sociais que beneficiassem a todas as pessoas: construíram-se hospitais, estradas e poços para ajudar a todos a ter acesso à água. Passou também a incorporar nas leis o estímulo aos comportamentos honestos, generosos e humildes. Mandou construir muitos templos, mosteiros, conventos, escolas e universidades para o aprofundamento dos estudos sobre as doutrinas budistas.

Seguindo os ensinamentos de tolerância pregados pelo Buda, *Ashoka* passou a ter políticas de tolerância em relação a outras religiões e culturas. Também financiou e estimulou muitas missões religiosas que acabaram por introduzir o budismo em outros lugares, como é o caso do atual Sri Lanka, até hoje uma nação de maioria budista. Com seu reinado, o número de budistas cresceu tanto dentro da Índia como também em muitas sociedades circundantes.

4. EXPANSÃO DO BUDISMO E O NASCIMENTO DE NOVAS TRADIÇÕES

4.1. Para o sul, leste e para o norte

Ao longo dos séculos, muitas tradições do budismo nasceram e se desenvolveram; um número expressivo delas também se extinguiu. É comum agrupar as tradições que até hoje existem em 2 grandes subdivisões: as tradições *Theravada* e as tradições *Mahayana* (das quais sairão os budismos *Zen* e as tradições *Vajrayana*).

Antes, contudo, de adentrarmos nas especificidades de algumas expressões pertencentes a essas tradições, é preciso mencionar que o budismo foi, desde o início, uma religião e uma filosofia com grande capacidade de acomodação perante outras religiosidades, crenças e práticas. Entre as divindades descritas no Cânone Páli, que ocupavam os diferentes níveis dos céus, estavam, por exemplo, deuses e deusas das religiões védicas, que depois desembocaram no hinduísmo. A praticidade do Buda, é possível se pensar, deixou também muito espaço para os cultos a espíritos e outras tantas divindades das culturas dos novos adeptos do budismo.

Essas características facilitaram tanto a expansão do budismo para outros lugares, como permitiu que convivesse sem grandes conflitos com outras religiões e filosofias. Em diferentes partes da China, por exemplo, práticas e crenças budistas conviveram e ainda convivem com expressões religiosas populares e com o confucionismo. Em outras sociedades, como o Ceilão (atual Sri Lanka) ou o Sião (que se tornou a Tailândia), o budismo passou a ser a religião oficial do estado, mas também acomodando elementos locais como parte das práticas devocionais. Já na Índia, o berço do Buda e do budismo, deixou de ser amplamente praticado há mais de 7 séculos e atualmente parece ter um percentual de budistas de cerca de 0,7%.

Depois dos cismas e do reinado de *Ashoka*, a expansão geográfica do budismo tomou 2 grandes caminhos iniciais. Um dos caminhos é o do (1) sul, onde até o presente são mais comuns as tradições ligadas ao budismo *Theravada*, aquele que, a grosso modo, descende daquela divisão dos anciãos que acreditavam estar pregando a palavra original do Buda. Essas doutrinas são até hoje dominantes em países como o Sri Lanka, o Camboja, o Laos, a Birmânia (Myanmar ou Burma) e a Tailândia. As escrituras consideradas sagradas para as tradições *Theravada* são aquelas que já foram citadas no texto, muito a grosso modo, as que que foram recitadas no 1º. Conselho Budista, mas ganharam o registro escrito apenas depois de mais de 400 anos da morte do Buda. Ainda que o contato de muitas dessas sociedades com o budismo seja do último século A.E.C., o fortalecimento das doutrinas ficará mais perceptível ao longo do primeiro milênio depois do nascimento de Cristo.

Entre os séculos I A.E.C e I E.C. começou a surgir, em outras partes da Índia, uma série de movimentos, movimentos que depois foram agrupados sob os budismos *Mahayana*. Dentre as principais diferenças dessas novas tradições podemos citar o aparecimento de novos textos, novos *Sutras,* sendo talvez o mais famoso deles o "Sutra do Lótus", provavelmente escrito entre o primeiro e o segundo século de nossa era (e que já tem muitas traduções para o português).

A princípio, as visões dos budismos *Mahayana* não eram incompatíveis com muitas das outras práticas. Monges e monjas de diferentes tradições frequentemente podiam ser encontrados nos mesmos mosteiros e conventos. Muitos autores julgam que, de início, as muitas doutrinas *Mahayana* simplesmente envolviam aqueles monges, monjas, leigos e leigas, que aceitavam também outros *Sutras* como expressões diretas ou indiretas do Buda.

Com o passar dos anos, as tradições *Mahayana* deixaram de ser escolas minoritárias na Índia para se expandirem para o leste asiático, para a China, Vietnã, Japão e para as Coreias, entre outras tantas regiões e nações. O budismo tomou o (2) caminho do leste, acompanhando a rota da seda. Esse processo de expansão se intensificou entre os séculos IV e VIII E.C. As escolas desses budismos, difundindo-se para o leste, acabaram por trazer muitas contribuições para as doutrinas e para as práticas budistas, como a questão da natureza (divina) do Buda, o papel do *bodhisattva* (*bodhisatta ou bodisatva*) e a natureza búdica de todos nós.

Das doutrinas *Mahayana*, assim como de outros elementos e textos tântricos, nasceram aquelas práticas budistas que acabaram ganhando adeptos em regiões mais ao norte, em geral nas altíssimas cordilheiras do Himalaia, em regiões que incluem o Nepal, o Tibete, o Butão e partes do Afeganistão e Paquistão, para além das fronteiras norte da Índia e da fronteira leste da China. Muitos autores entendem esse processo como um terceiro movimento, um budismo que andou para o (3) norte. Em geral, essas tradições se agrupam sob o termo *Vajrayana* e são, às vezes, chamadas de budismos tântricos, budismos esotéricos, *Mantrayana*, *Guhyamantrayana* ou *Tantrayana*. São essas as tradições em que mais se constata frequentemente a entonação de mantras para se conduzir a diferentes estados de consciência (essa vertente também é aquela que tornou mais comuns as *mandalas*).

4.2. Mahayana, o grande veículo e a questão do mérito

Em muitos sentidos, os adeptos dos budismos *Theravada*, os *Theravadin*, embora sejam originários e até hoje vivam em sociedades muito pouco individualistas, interpretam os ensinamentos do Buda sob uma perspectiva que pode ser considerada bastante pessoal (diferente de ser individualista). Ao refletir, anteriormente, sobre a lei do *karma*, tratamos como as ações do corpo, das palavras e da mente afetam nossas vidas, as vidas daqueles que nos cercam (a doutrina do "Surgimento Condicionado") e nossos renascimentos. Refletimos sobre as diferentes esferas em que se pode renascer de acordo com o *karma* – bom ou ruim – que produzimos. Também nos detivemos sobre o fato de que o budismo não entende que exista algo como uma alma (em larga medida, a questão da identidade apreciada), um "Eu" profundo que sobrevive até nossa conformação corpórea e mental. Vimos que os impulsos egoicos são, inclusive, uma forma de criar ilusões que nos afastam da visão da realidade das coisas. Dentre as lutas que os budistas enfrentam diariamente está a de procurar deixar de se ver como algo separado do mundo e dos outros seres; afinal, estamos profundamente conectados, costurados juntos ao tecido do *samsara*. A libertação, a salvação, o *nirvana*, que nos retira do ciclo eterno de morte e renascimento, pode parecer paradoxal, é aquele caminho profundamente pessoal.

Quando tratamos do mérito, da fruição *kármica*, sobre o compartilhamento de *karma* positivo, tocamos um pouco nesse tema. O budismo, além de ser a religião da meditação, é a religião da profunda compaixão e do respeito por todos os seres. Assim, ainda que o caminho para a salvação definitiva seja muito pessoal, o *karma* bom não pode ser visto como uma coisa ou como uma espécie de moeda espiritual. Quanto mais *karma* bom se doa e se compartilha, mais se terá. Não faz sentido, assim, pensar em uma vida de acúmulo individual de *karma* bom, sem que outros seres possam usufruir de nossas ações, palavras e ideias. Até esse ponto de interpretação das escrituras, as tradições *Theravada* e *Mahayana* parecem concordar, em larga medida.

As tradições *Mahayana*, contudo, passam a dar ênfase a formas mais coletivas de busca pela libertação. Muitos ligam ao surgimento dessas novas tradições processos envolvendo a deteriorização das relações entre os budistas que escolhiam a vida monástica e os que continuavam como leigos. O crescimento do culto e oferendas às estupas pode tanto ter significado um afastamento dos monges e monjas das comunidades locais, como também uma forma dos leigos e leigas procurarem aumentar seu *karma* bom, já que alcançar o *nirvana* parecia uma busca ainda mais demorada para os que não se dedicavam à vida monástica. Nesse contexto, a figura do *bodhisattva* se fortalece muito.

Bodhisattva é aquela pessoa que cultiva suas virtudes e a sabedoria para ajudar a libertar todos os seres. O termo já aparece naquelas escrituras mais antigas, como o Cânone Páli, que serve como uma das bases para as escrituras aceitas pelos *theravadin*. Contudo, o *bodhisattva* das tradições *Mahayana* passa a ser um ideal de todos aqueles que desejam viver o *dharma* para libertar a si e a todos os outros seres. Um caminho de profunda compaixão e doação para pessoas que, mesmo tendo alcançado sua natureza de buda, permanecem dentro da roda do *samsara*, porque entendem que só deve se libertar quando todos os seres puderem também se libertar.

Com o passar dos séculos e com o fortalecimento das doutrinas budistas *Mahayana* em regiões da China, das Coreias, do Vietnã e do Japão, entre outros lugares, mais espaço para o progresso espiritual de leigos e leigas foi se consolidando dentro das práticas devocionais. Se para uma parte expressiva dos *theravadin*, o *nirvana* era uma realidade alcançada, frequentemente ao longo de diversas vidas, a partir principalmente da dedicação à vida monástica, as tradições *Mahayana* vão abrindo caminhos para que leigos e leigas possam também ter a esperança de se salvar e de contribuir para a libertação de outros seres.

Algumas comparações com o cristianismo podem nos ajudar a compreender um pouco melhor as doutrinas *Mahayana*. A figura do *bodhisattva* das doutrinas

Mahayana tem alguns pontos em comum com a forma como muitos cristãos interpretam a relação entre Jesus e a salvação de seus seguidores. Não é possível, no budismo, como é no cristianismo, que se redima alguém. O *bodhisattva* ou a *bodhisativa* não pode salvar ninguém, pode apenas ajudar e ensinar o caminho para que as pessoas se libertem por si próprias. Há limites, portanto, para a fruição *kármica*. Mas se parece com o ideal de Jesus na prática da compaixão e do amor incondicional por todos.

Também podemos encontrar similaridades na questão da renúncia, da doação e do sacrifício que Cristo fez em prol da humanidade. A figura do *bodhisattva* poderia também se libertar no *samsara*, mas se sacrifica para o bem e para a salvação dos outros seres. O ideal da vida dedicada a servir ao progresso espiritual de outros anima tanto os *sanghas* das escolas *Mahayana* como aqueles religiosos ordenados nas muitas variantes do cristianismo. Muito já se comparou o *bodhisattva* aos santos e santas da Igreja católica, por exemplo. As práticas devocionais dos budistas – em relação aos *bodhisattvas* – e dos católicos em relação aos santos têm algumas similaridades.

As práticas budistas, desde seus primórdios, na Índia, foram incorporando elementos devocionais em relação a divindades e espíritos das sociedades locais. Ainda assim foram necessários séculos para que imagens do Buda, pintadas ou esculpidas, se tornassem populares. Essas representações se tornam mais frequentes no século II E.C., mas apenas ao longo dos anos 400 E.C., as imagens começam a ganhar certo padrão, até hoje muito comuns. A consolidação e fortalecimento dos cultos devocionais das escolas *Mahayana* contribuíram em parte para esse processo.

Sabe aquela espécie de coque que vemos no topo da cabeça das representações do Buda? Na verdade não se trata exatamente de um coque feito com o cabelo, como pode parecer, mas da "saliência da sabedoria"; afinal, a caixa craniana humana de Siddharta não podia mais acomodar tanto conhecimento sem tomar um pouco mais de espaço. Outra característica que pode ser muito comum nas representações artísticas do Buda são os lóbulos alargados das orelhas. Historiadores da arte pensam essa questão como uma metáfora da renúncia, uma vez que até os 29 anos Siddharta, que era um príncipe, provavelmente usou adereços e brincos pesados que modificaram para sempre partes de seu corpo. Outras interpretações ligam o tamanho, às vezes desproporcionalmente grande, das orelhas à capacidade do Buda de ouvir, a seu "ouvido divino", que ouvia todo o universo. Já seu semblante sempre tranquilo, que percebemos principalmente pela forma como seus olhos (abertos ou fechados) são representados, parece querer transmitir a sensação inimaginável de quem se libertou do sofrimento, do tempo e do espaço.

A expansão das escolas *Mahayana* representou o fortalecimento de cultos devocionais que passaram a incluir cada vez mais elementos, que criaram toda uma nova cosmologia, envolvendo outros budas e muitos *bodhisattva*, e uma ressignificação do papel e da natureza do Buda. O Buda passou a ser glorificado como uma espécie de pai atento dos *bodhisattva*, que mesmo libertado, permanecia de alguma forma ainda olhando com compaixão e sabedoria para aqueles que buscavam o *dharma*.

As escolas do budismo *Theravada* discordavam de muitas dessas novas interpretações e práticas e procuraram se manter fiéis àquele caminho que pensavam ter sido o pregado originalmente pelo Buda. Não aceitavam os novos *sutras* como sendo direta ou indiretamente palavras do Buda e suas críticas, em muitos sentidos, acabaram por gerar, na visão de muitos, o fortalecimento das doutrinas de devoção da nova budologia *Mahayana* (HARVEY, 2019, p. 141).

Os adeptos das doutrinas *Mahayana* entendem que o surgimento de suas interpretações, advindas de novos *sutras* e novas práticas, significaram um segundo giro na roda do *dharma*. Entenderam que os variados métodos de ensino que o Buda tinha usado eram adaptações que precisavam ser feitas para que diferentes pessoas pudessem alcançar o caminho da libertação. Mas também eram formas muitas vezes simplificadas dos ensinamentos, que eram, na verdade, muito complexos para a época. Há uma pequena história sobre a adaptabilidade dos métodos pedagógicos do Buda que nos ajuda a entender como alguns adeptos das doutrinas *Mahayana* às vezes enxergavam os seguidores dos budismos *Theravada*.

Um pai percebe que a casa está em chamas e decide não preocupar excessivamente as crianças tão entretidas com suas brincadeiras. Promete, então, novos brinquedos, que estariam do lado de fora. Uma vez que as crianças já não estão em perigo, a real situação é revelada. Nesse caso, o Buda seria o pai, atraindo seus primeiros seguidores para fora da casa em chamas (o *samsara*), para apenas depois revelar a verdade completa. A verdade revelada do lado de fora da casa em chamas comporia os *sutras* posteriores e as tradições *Mahayana* que só podiam ser ensinadas uma vez que a humanidade tivesse evoluído mais espiritualmente.

Assim como os cristãos se identificam como católicos ou protestantes (ou ortodoxos, dependendo de onde e para quem se está perguntando), os budistas tendem também a especificar se seguem as escolas *Mahayana* ou *Theravada*. Se para muitos dos *theravadins*, o Buda se libertou dessa realidade e desses planos de existência e não tem mais relação conosco, que estamos dentro da roda do *samsara*, os *mahayanistas* entendem que um ser de tanta compaixão não deixaria tantos outros seres para trás sem sua ajuda, ainda que indireta. Podemos pensar que muitas das práticas devocionais *Mahayana* cultuam diversos *bodhisattva* como os católicos frequentemente cultuam santos e santas. E o Buda passa a ser visto como uma espécie de pai compassivo que acompanha seus filhos e filhas de maneira talvez semelhante à concepção de Deus do cristianismo.

Trata-se de comparações, talvez, muito imprecisas, mas que podem ajudar a entender algumas das profundas mudanças introduzidas pelas doutrinas *Mahayana*. Outra similaridade é a previsão, aceita entre *theravadins* e *mahayanistas* de que outro buda virá no final desta era para marcar um novo momento em que multidões alcançarão a iluminação. O nome desse buda é *Maitreya* (*Maitria*). De maneira muito resumida, para tradições dos dois grupos, outros budas já estiveram aqui, vivemos na era do Buda Siddharta Gautama, e outro buda descerá sobre os seres. Em muitas escolas *Mahayana*, contudo, que também acreditam no retorno de *Maitreya*, o fazem frente a um panteão bastante expressivo e complexo de budas, de muitos *bodhisattvas* e outros muitos seres celestiais.

A depender da tradição *mahayanista*, budas revelados em *sutras* posteriores, mesmo além das esferas do tempo e do espaço, abriram espaço para o exercício de devoção e fé, principalmente entre praticantes leigos. O buda transcendental *Amitabha* (*Amitofo* em chinês e *Amida* em japonês), por exemplo, criou um paraíso de puro êxtase para garantir que todos os que renascessem nesse lugar –

a Terra Pura - encontrassem a iluminação. Para renascer na Terra Pura, em grande medida, é preciso ter fé nesse buda. Existem escolas de budismo Terra Pura originárias da China, Japão e Coreias, entre outros.

As doutrinas *Mahayana* também procuraram desenvolver mais a questão da não-essência das coisas e dos seres, tudo como não "Eu", que levou também a práticas e técnicas meditativas ligadas ao abandono daquilo que consideramos nossa natureza intrínseca. É possível que o leitor encontre essas discussões filosóficas extremamente complexas referidas como "vazio".

A ideia de que o Buda – histórico, Siddharta Gautama – permanece de alguma forma conectado à realidade dos seres dentro do *samsara* tem profundos impactos teológicos sobre diversas concepções do budismo que se praticou nos primeiros séculos de existência da religião. As escolas *Mahayana*, nesse sentido, entendem o Buda a partir de 3 dimensões. A dimensão terrena é humana e mortal; a dimensão celestial está em uma esfera paradisíaca acima de nós; e a dimensão transcendental se relaciona com o Buda sendo a verdadeira realidade, para além das dimensões temporais e espaciais.

O primeiro milênio de nossa era foi de muita importância para o crescimento e para o desenvolvimento de múltiplas escolas *Mahayana* na China, ainda que o declínio do último milênio tenha feito diminuir paulatinamente o número de praticantes no país. Duas das tradições que duram até hoje e se expandiram para as Coreias, Vietnã e Japão são as do Zen e as da Terra Pura (dentre tantas outras).

No Ocidente, em geral, temos mais contato com as escolas *Zen* (tanto *Soto* quanto o *Rinzai*) do Japão, ainda que tenha sido o *Ch'an* (o *Zen* chinês) que aparentemente tenha chegado primeiro ao Ocidente, aos Estados Unidos, com os trabalhadores chineses, no século XIX. Uma característica muito marcante de várias dessas escolas é a perspectiva de que o aprendizado é também feito em profundo silêncio meditativo, que nos permite tocar um pouco daquela parte brilhante da nossa mente, onde está a natureza búdica que reside dentro de todos nós. Grande parte do treinamento religioso de monges e monjas dessas tradições se dá no exercício do mais absoluto silêncio, uma vez que esse conhecimento da libertação é complexo e infinito demais para caber em palavras.

5 O BUDISMO NOS TEMPOS ATUAIS

Até o momento pouco se conseguiu comprovar, muito pouco, sobre as influências das ideias budistas nas sociedades antigas do Ocidente, como é o caso dos gregos. Embora as conquistas de Alexandre, o Grande (336-323 A.E.C), tenham levado os exércitos helênicos a regiões onde florescia o budismo, aparentemente poucas concepções foram trazidas de volta e se enraizaram entre aqueles que futuramente contribuiriam para as formações sociais romanas.

A despeito do contato e da presença de ocidentais em diferentes sociedades asiáticas nas Idades Antiga e Média, o budismo parece ter chamado a atenção do Ocidente principalmente a partir do século XIX. É possível, contudo, encontrar documentos sobre práticas budistas desde o início da modernidade, quando a expansão católica (em especial daquela ligada à Companhia de Jesus) da Era dos Descobrimentos alcançou diversas regiões da China e do Japão, entre outros lugares. Mas foi no decorrer do século XIX, com os impulsos neocolonialistas de potências como a França e a Grã-Bretanha, que houve um maior estímulo para que agentes imperiais e intelectuais passassem a conhecer melhor as culturas daquelas regiões que pretendiam dominar.

A curiosidade pelo budismo transcendeu as limitações daqueles que trabalhavam para a manutenção das empresas neocoloniais e chamou a atenção de artistas e intelectuais como Arthur Schopenhauer (1788-1860), Max Weber (1864-1918), Hermann Hesse (1877-1962), entre outros. É também durante o século XIX que diferentes imigrantes orientais, principalmente, chineses, serão transportados para os Estados Unidos, Cuba e outros países das Américas para trabalhar. Muitos desses trabalhadores eram budistas e acabaram fundando importantes centros de prática e estudos no Ocidente.

Além das migrações de pessoas que vinham de sociedades budistas, e obviamente seus descendentes, só mais para o final do século XX o budismo ganhou popularidade entre ocidentais e passou a contar com conversões de praticantes advindos de sociedades majoritariamente de matriz cristã. É possível dizer que em alguns poucos momentos da história ocidental recente o budismo "entrou na moda", principalmente entre os anos 1970 e 1980, nos Estados Unidos, de acordo com as pesquisas de Charles Prebish (PREBISH In: PREBISH e TANAKA, 1998, p. XVI).

As razões para o aumento da popularidade do budismo entre as sociedades ocidentais são muitas e complexas. Algumas das causas podem estar ligadas à adaptabilidade das filosofias frente às mudanças dos tempos e à linguagem da ciência, bem como a abertura de muitas lideranças budistas como o 14º. Dalai Lama para a discussão com cientistas e intelectuais de diversas áreas, em especial os advindos da neurociência e da psicologia. Em alguns momentos da história, os conflitos entre a ciência e alguns dogmas religiosos parecem ter afastado muitas pessoas de tradições cristãs, por exemplo. No caso do budismo, contudo, um crescente número de pesquisas confiáveis tem mostrado as práticas da meditação e da compaixão como formas de melhorar não apenas a concentração e a qualidade de vida de muitos indivíduos, mas também de grupos e de inteiras sociedades não budistas.

Diferentes iniciativas em diversos países têm tentado ensinar técnicas budistas de meditação, como é o caso da meditação *vipassana*, em prisões especialmente violentas. Os resultados têm sido muito positivos na promoção de reabilitações reais e na diminuição da agressividade entre os que estão encarcerados. Sobre o assunto é possível encontrar muito material para leitura e até alguns filmes, como é o caso do "Tempo de Espera, Tempo de Vipassana" (*Doing Time, Doing Vipassana*), de 1997, dirigido pelas israelenses Aylet Menahemi e Eliona Ariel. O documentário trata do impacto que o famoso professor de meditação Satya Narayan Goenka teve em uma das prisões mais violentas do mundo, o Complexo Prisional de *Tihar*, na Índia. Goenka, nascido no atual território de Myanmar, veio de uma família praticante do hinduísmo, uma das religiões majoritárias na Índia atual. Defendia, contudo, que a prática de técnicas de meditação ensinadas pelo Buda não carecia de conversão religiosa.

O trabalho de Goenka inspirou outras iniciativas, principalmente nos Estados Unidos, como é o caso de uma prisão no estado do Alabama. O documentário sobre essa experiência se chama "Irmãos em Dhamma" (*The Dhamma Brothers*), foi lançado em 2007 e feito pela antropóloga e psicanalista Jenny Philips, pelo diretor Andrew Kukura e por Anne Marie Stein. Em ambos os documentários parte dos encarcerados busca a conversão religiosa para o budismo, mas os professores de meditação, que se dispõem a entrar nas prisões e ensinar a meditação, não têm o objetivo de converter ninguém, apenas ensinar a técnica *vipassana*. Os retiros *vipassana*, que duram de 10 dias a muitos meses, são feitos, na maior parte do tempo, em absoluto silêncio.

A prática das técnicas de meditação e das filosofias de compaixão do budismo, sem a necessidade da conversão religiosa, é uma questão importante e pode explicar o crescente interesse ocidental em diferentes tradições budistas. Centros de meditação e de retiros têm conquistado muitos interessados que procuram saídas para os estresses da vida moderna e seus impactos negativos sobre a saúde mental. Práticas budistas têm progressivamente chamado a atenção de médicos e cientistas interessados em entender melhor o funcionamento do cérebro.

Como já foi mencionado na Introdução, ainda que o crescimento do número de convertidos e convertidas permaneça relativamente pequeno na maioria dos países ocidentais, e no Brasil, por exemplo, o budismo tem penetrado nossas vidas pelas mais variadas vias. Seja nas discussões e na linguagem dos direitos humanos e das filosofias da não violência, seja em práticas não religiosas da meditação e na busca pela melhora da saúde mental, o budismo parece estar cada vez mais presente em toda parte.

Algumas tradições budistas, contudo, ganharam mais popularidade no Ocidente e na América Latina do que outras. Talvez a mais famosa seja o *Zen* budismo japonês, que cresceu muito ao longo do século, mas principalmente com a ocupação militar dos Estados Unidos no Japão, depois da segunda Guerra Mundial, que acabou em 1945. Ainda que muitos estadunidenses não tenham se convertido em termos religiosos, a estética e alguns dos preceitos *Zen* são até hoje importantes na reflexão sobre como organizar nosso espaço e como podemos ser consumidores mais conscientes em relação à saúde do planeta. Já citamos a Monja Coen, cujas palestras e vídeos atraem pessoas de todas as fés e credos. Ela pertence a umas das tradições *Zen* do Japão.

Esperamos que essa leitura tenha despertado seu interesse para pesquisar mais sobre o budismo, bem como sobre outras religiões e filosofias orientais. Se a cosmologia das muitas tradições budistas pode lhe parecer estranha, as práticas da meditação e da compaixão já têm seus benefícios amplamente estudados pela ciência moderna. Então, como sugeriria o próprio Buda, faça suas pesquisas, reflita e tire suas próprias conclusões sobre o que escrevemos aqui e sobre o que você, leitor, pensa sobre o budismo.

Sobre o autor

Maria Clara Sales Carneiro Sampaio é formada em História pela Universidade de São Paulo (USP 2002-2006) e em Direito pela Pontifícia Universidade Católica de São Paulo (PUCSP 2001-2005). Realizou a pesquisa de mestrado e doutorado no Programa de Pós-Graduação em História Social da USP, com apoio da Fundação de Apoio à Pesquisa do Estado de São Paulo (FAPESP), entre 2006 e 2014. Abandonou a metrópole para viver na Amazônia, onde se tornou professora da Faculdade de História e do Programa de Pós-Graduação em História da jovem (e fantástica) Universidade Federal do Sul e Sudeste do Pará (UNIFESSPA), fundada no final de 2013. Na confluência entre os rios Araguaia e Tocantins, descobriu a felicidade e encontrou um grupo eclético de meditadoras de outras regiões do Brasil, da América Latina, de muitas nações indígenas e de comunidades quilombolas.

REFERÊNCIAS BIBLIOGRÁFICAS

BAILEY, Greg e MABETT, Ian. *The Sociology of Early Buddhism*. Cambridge: Cambridge University Press, 2004.

BAUMANN, Martin e PREBISH, Charles S. Introduction. (Orgs.). *Westward Dharma: Buddhism Beyond Asia*. Berkeley: University of California Press, 2002.

BECHERT, Heinz. *The Problem of the Determination of the Date of the Historical Buddha*, Wiener Zeitschrift fur die Kunde Sudasiens, vol. 33, 1989, p. 93-120.

BLACKBURN, Anne. M. *Locations od Buddhism: Colonialism & Modernity in Sri Lanka*. Chicago: The University of Chicago Press, 2010.

BODHI, Bhikkhu (Org.) *In the Buddah´s words: an anthology of discourses from the Pali Canon*. Sommerville: Winsdom, 2005.

BODHI, Bhikkhu (Org.) *The connected discourses of the Buddha: a new translation of the Samyutta Nikaya* (translated from the Pali). Sommerville: Winsdom, 2000.

BUSWELL, Robert E. (Org.) *Encyclopedia of Buddhism*. Nova York: Thompson/Gale, 2004. (2 volumes)

CARRITHERS, Michael. *Buddha: a very short introduction*. Oxford: Oxford University Press, 1983.

COLEMAN, James William: *The New Buddhism. The Western Transformation of an Ancient Tradition*. Oxford: Oxford University Press, 2001.

CONZE, Edward. *A Short History of Buddhism*. Oxford: Oneworld, 1993.

GETHIN, Rupert. *The Foundations of Buddhism*. Oxford: Oxford University Press, 1998.

GOMBRICH, Richard F. *Buddhist Karma and Social Control*. Comparative Studies in Society and History, Cambridge, v. 17, n. 2, pp. 212-220, abr. 1975.

GOMBRICH, Richard F. *Dating the Buddha: a Red Herring Revealed*. Indo-Iranian Journal, v. 42, n. 3, p. 280-282, Jan. 1999.

GOMBRICH, Richard F. *How Buddhism Began: The Conditioned Genesis of the Early Teachings*. 2a ed. Nova York: Routledge, 2006

GOMBRICH, Richard F. *Theravāda Buddhism: A Social History from Ancient Benares to Modern Colombo*. Nova York: Routledge, 2006.

GROSS, Rita M. *Buddhism After Patriarchy: A Feminist History, Analysis, and Reconstruction of Buddhism*. Albany: State University of New York Press, 1993.

HARVEY, Peter. *A tradição do budismo: história, filosofia, literatura, ensinamentos e práticas*. São Paulo: Cultrix, 2019.

HAZRA, Kanai Lal. *The Rise and Decline of Buddhism in India*. Delhi: Munishiram Manoharlal, 1995.

HEINE, Steven e PREBISH, Charles S. *Buddhism in the Modern World: Adpatations of an Ancient Tradition*. Oxford: Oxford University Press, 2003.

JONES, Ken. *The New Social Face of Buddhism. A Call to Action*. Boston: Wisdom Publications, 2003.

KEOWN, Damien (Org). *Dictionary of Buddhism*. Oxford: Oxford University Press, 2003.

KEOWN, Damien. *Buddhism: A Very Short Introduction*. Oxford: Oxford University Press, 2000.

KEOWN, Damien. *The Nature of Buddhist Ethics*. Nova York: Palgrave, 2001.

KONIK, Adrian. *Buddhism and Transgression: The Appropriation of Buddhism in the Contemporary West*. Boston: Brill, 2009.

LANDAW, Jonathan e BODIAN, Stephan. *Budismo para Leigos*. Rio de Janeiro: Alta Books Editora, 2011.

LOPEZ Jr, Donald S. (Org.). *Critical Terms for the Study of Buddhism*. Chicago: University of Chicago Press, 2005.

LOPEZ, Donald S. *The Story of Buddhism: A Concise Guide to Its History*. São Francisco: Harper Collins, 2001.

NANAMOLI, Bhikku. *The Life of Buddha: According to the Pali Canon*. Onalaska: BPS Pariyatti Editions, 1992.

NYANATILOKA. *Buddhist Dictionary. Manual of Buddhist Terms and Doctrines*. 4ª ed. Kandy: Bddhist Publication Society, 1988.

PREBISH, Charles S. e TANAKA, Kenneth Ken'ichi. *The Faces of Buddhism in America*. Berkeley: University of California Press, 1998.

PREBISH, Charles S. e BAUMANN, Martin (ED.). *Westward Dharma: Buddhism Beyond Asia*. Berkeley: University of California Press, 2002

SHAW, Sarah. *Buddhist Meditation: An Anthology of Texts from the Pali Canon*. Nova York: Routledge, 2006.

THOMAS, Edward J. *The Life of Buddha*. Nova York: Routledge, 1996.

USARSKI, Frank (Org.). *O Budismo no Brasil*. São Paulo: Larosae, 2002.

USARSKI, Frank. *O Budismo e as Outras: Encontros e Desencontros entre as Grandes Religiões Mundiais*. Aparecida: Editora Ideias & Letras, 2009.

WILLIAMS, Paul. *Mahayana Buddhism: The Doctrinal Foundations*. 2ª ed. Nova York: Routledge, 2009.